WEIHNACHTEN MAL NACHHALTIG!

Nachhaltigkeit ist uns wichtig!
Mit diesem Buch unterstützen Sie eine ökologische Produktion. Wir verwenden FSC-zertifizierte Papiere, drucken mit mineralölfreien Druckfarben, verzichten auf das Einschweißen in Plastikfolie und achten auf kurze Transportwege.

Einfach nachhaltig

Victoria Musil
@vickysstory

WEIHNACHTEN
mal nachhaltig!

Deko, Geschenke,
Verpackung und Tipps für ein
umweltfreundliches Fest

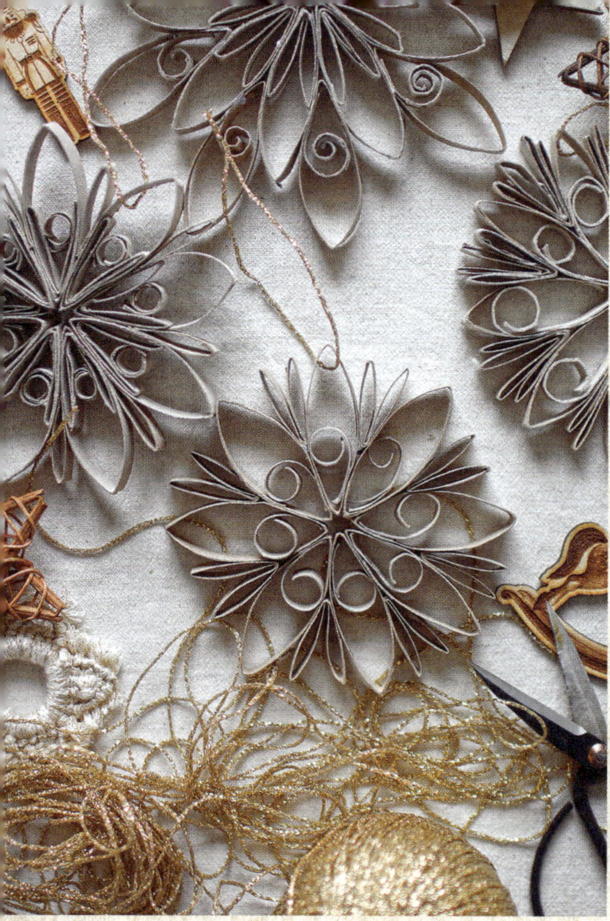

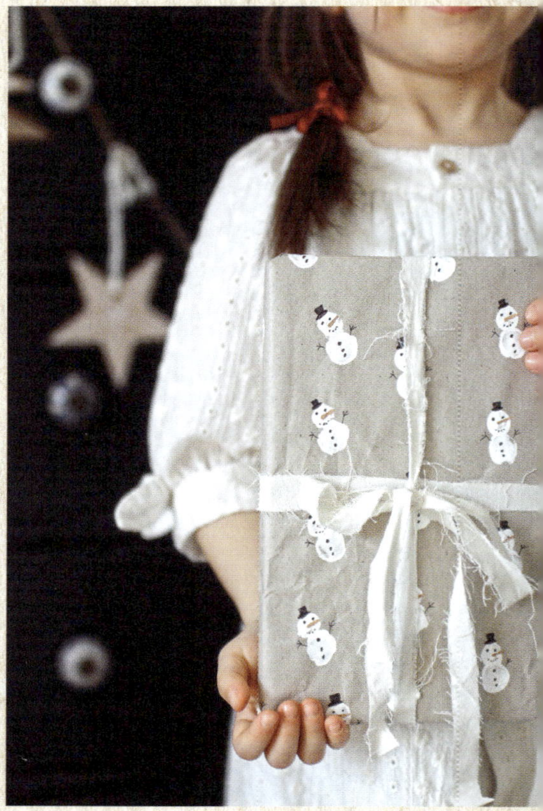

Inhalt

VORWORT

EINLEITUNG

PROJEKTE

ANHANG

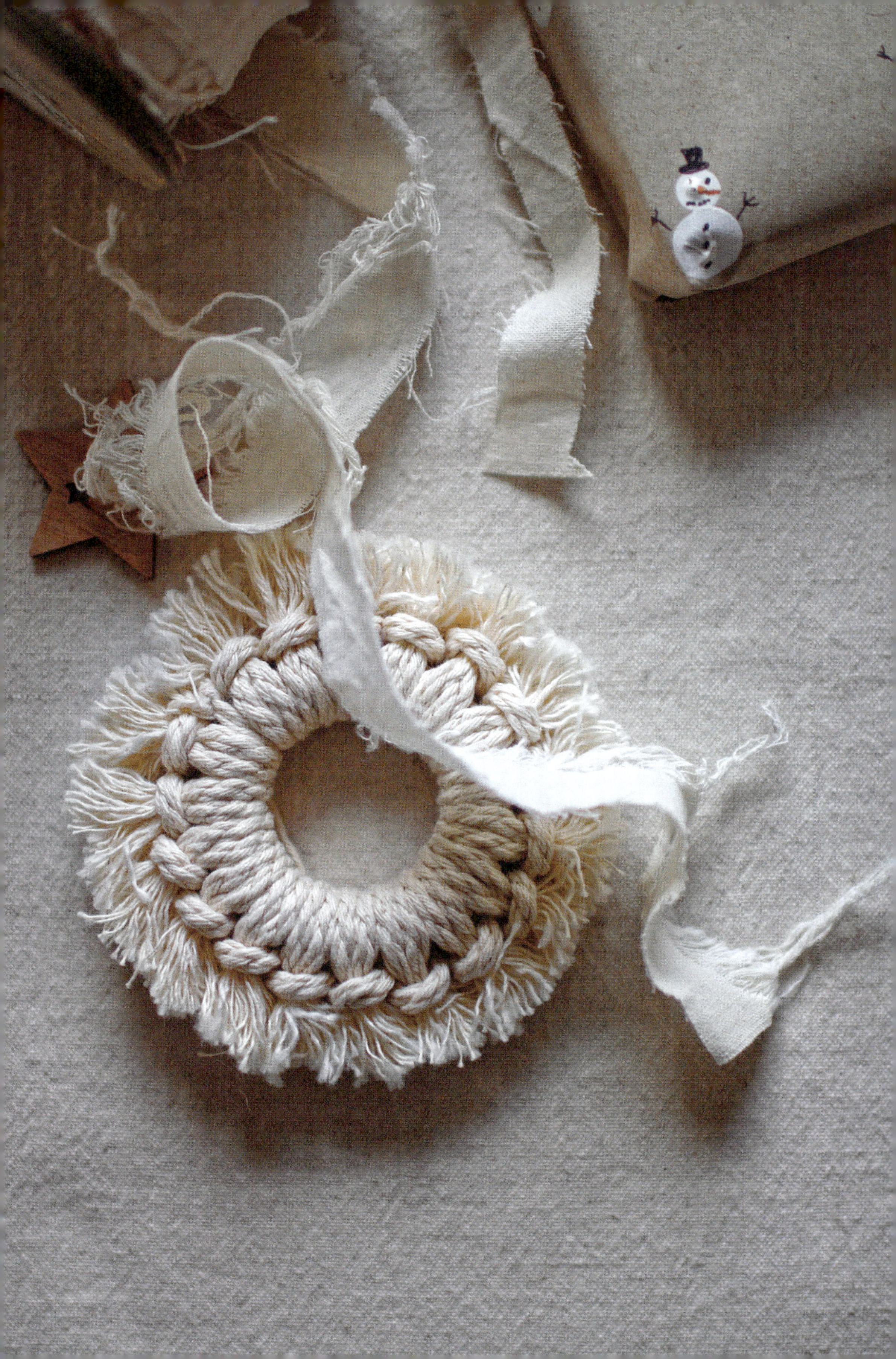

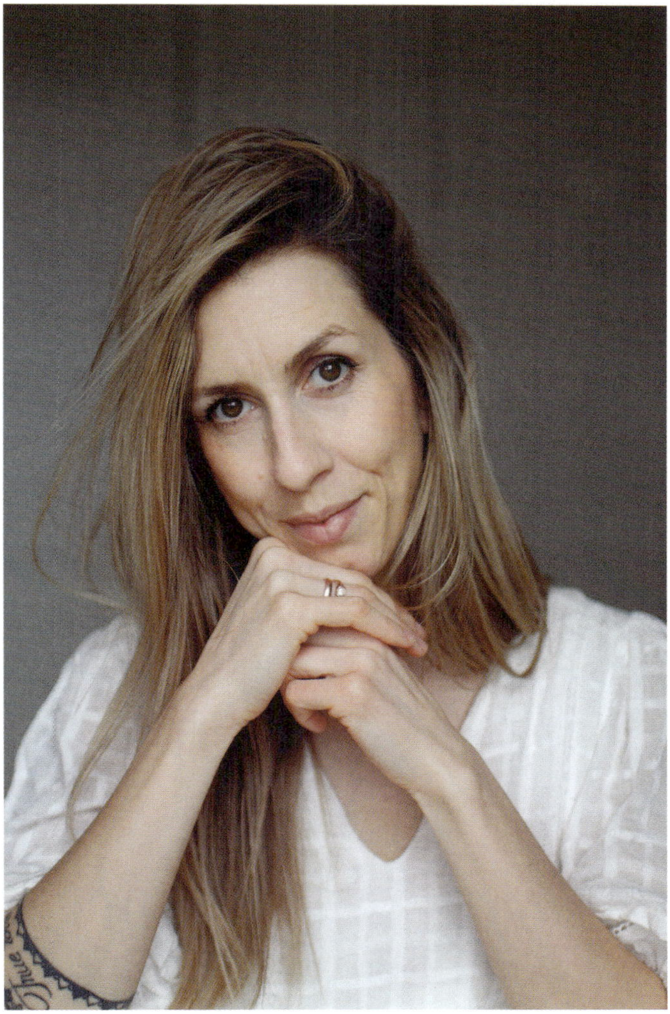

Ho Ho Ho and welcome!

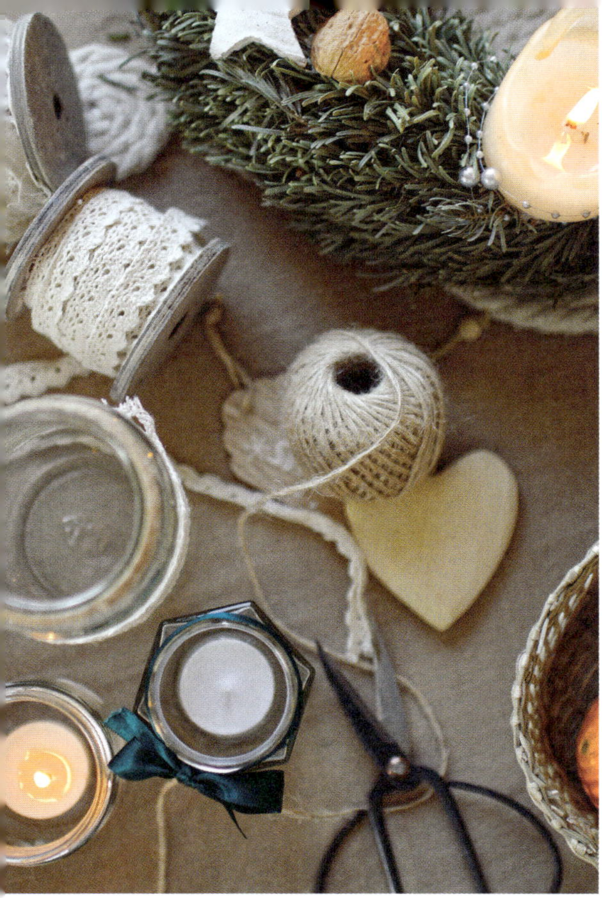

Hallo, und herzlich willkommen – schön, dass du da bist und dir genau mein Buch zur Hand genommen hast! Ich bin Vicky, Mama von zwei wundervollen Mädchen, verheiratet mit meinem Lieblingsmenschen und ein absoluter DIY-Addict, seitdem ich denken kann.

Als Creative Head & Soul des Instagram-Accounts @vickysstory habe ich in den letzten sechs Jahren einen Ort geschaffen, an dem ich meine Kreativität, Ideen, Projekte und Gedanken in Form von Fotos, Videos und Texten mit anderen teile. Doch es ist so viel mehr als das – mit der Zeit wurde es ein liebevoll geführtes, digitales Tagebuch, das all die schönen, unvergesslichen Momente festhält, die ich als Digital Content Creator, aber vor allem als Frau und Mama für immer in Erinnerung und im Herzen behalten möchte. Besonders in den letzten drei Jahren wurde mir bewusst, wie erfüllend es sein kann, andere inspirieren und motivieren zu dürfen. Es ist für mich eine Art künstlerischen Ausdrucks und gibt mir unheimlich viel Energie und Schöpfungskraft.

Ich liebe es, mit den verschiedensten Materialien zu experimentieren und Besonderes zu gestalten/erschaffen. Für mich persönlich hat der Entstehungsprozess an sich jedes Mal aufs Neue etwas Meditatives an sich. Während der Momente, in denen ich meiner kreativen Ader freien Lauf lasse – egal ob es das Basteln, Zeichnen, Malen, Häkeln oder Knüpfen ist –, steht für mich die Welt still. Dabei tauche ich in mein eigenes, kleines Universum ab und widme mich voller Leidenschaft dem aktuellen Projekt.

Die Liebe zum Detail hat dabei einen unwahrscheinlich hohen Stellenwert und ist für mich eine rein natürliche Folge, wenn Leidenschaft im Spiel ist. Wenn wir unsere Leidenschaft für etwas entdecken und uns ihr hingeben, können wir eine tiefe Zufriedenheit und Erfüllung in unserem Leben erfahren. Jeder Mensch brennt für etwas. Bei mir ist es die Kreativität, die Ästhetik und die Liebe zur Natur. Und was lässt dein Herz höherschlagen?

Leidenschaft ist ein Gefühl, das uns antreibt und motiviert, das zu tun, was uns wichtig ist und Freude bereitet. Wenn es um Nachhaltigkeit geht, kann dieser Wert uns helfen, unser Handeln auf den Schutz unseres Planeten auszurichten. Denn nur wenn wir wirklich leidenschaftlich daran interessiert sind, die Welt zu einem besseren Ort zu machen, werden wir auch die Motivation und Energie haben, um tatsächliche Veränderungen zu bewirken.

Jetzt, wo meine Töchter schon etwas größer sind, sind gemeinsame Bastelstunden ein nicht mehr wegzudenkender Bestandteil unseres Familienalltags geworden. Jede von uns hat dabei ihre persönliche Herangehensweise und lebt ihre kreative Ader auf bestimmte Art und Weise aus. Kaum ein Tag vergeht, an dem bei uns zu Hause nicht mit den unterschiedlichsten Materialien experimentiert und gewerkt wird. Meine beiden Töchter bekamen die Kreativität sozusagen in die Wiege gelegt. Bereits von klein auf gestalten sie ihre ganz individuellen Kunstwerke und sind jedes Mal mächtig stolz auf sich selbst und die Ergebnisse.

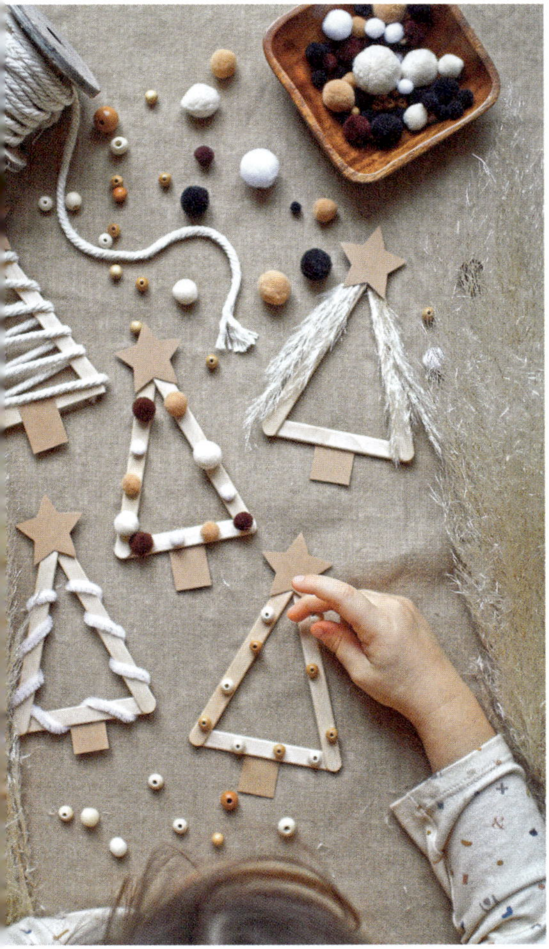

Das kannst auch du sein, mit den Basteleien in diesem Buch! Denn handgemacht bedeutet für mich, etwas mit viel Liebe und Leidenschaft zu erschaffen, zu gestalten, zu kreieren. Man steckt einen Teil von sich selbst und eine gehörige Portion Hingabe in ein Projekt, egal ob Geschenk oder Kunstwerk. Dieses Zusammenspiel ergibt ein individuelles Unikat, das Wertschätzung und Anerkennung hervorruft. Nicht nur von anderen – nein, auch du selbst darfst stolz auf das sein, was du erschaffen hast.

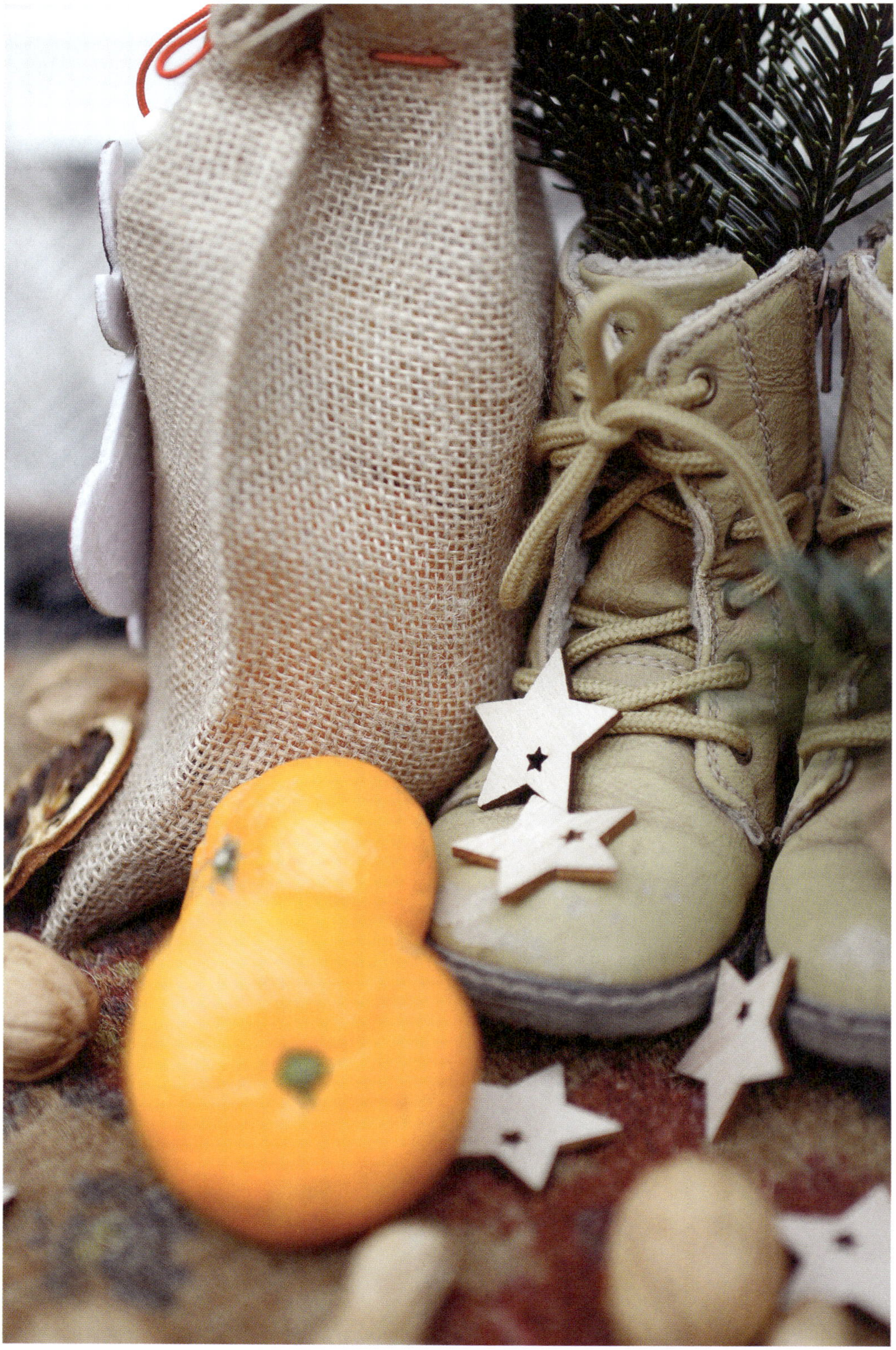

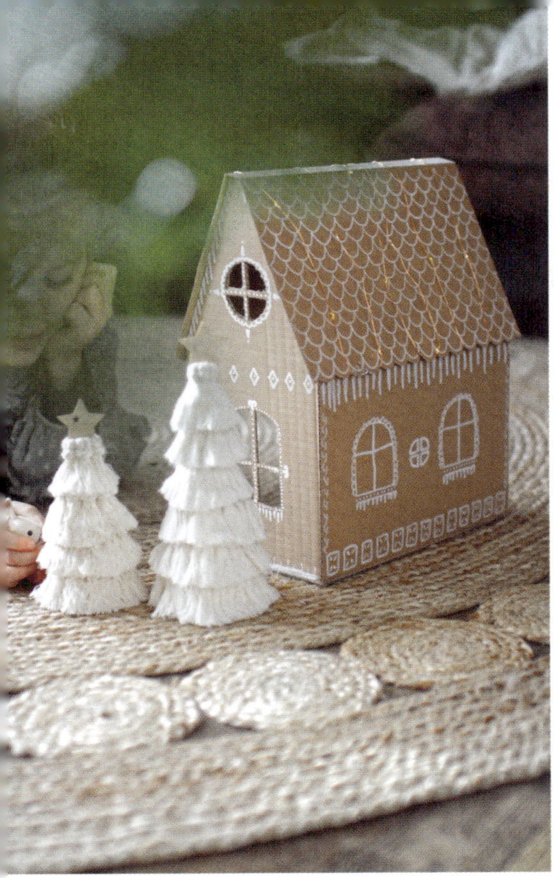

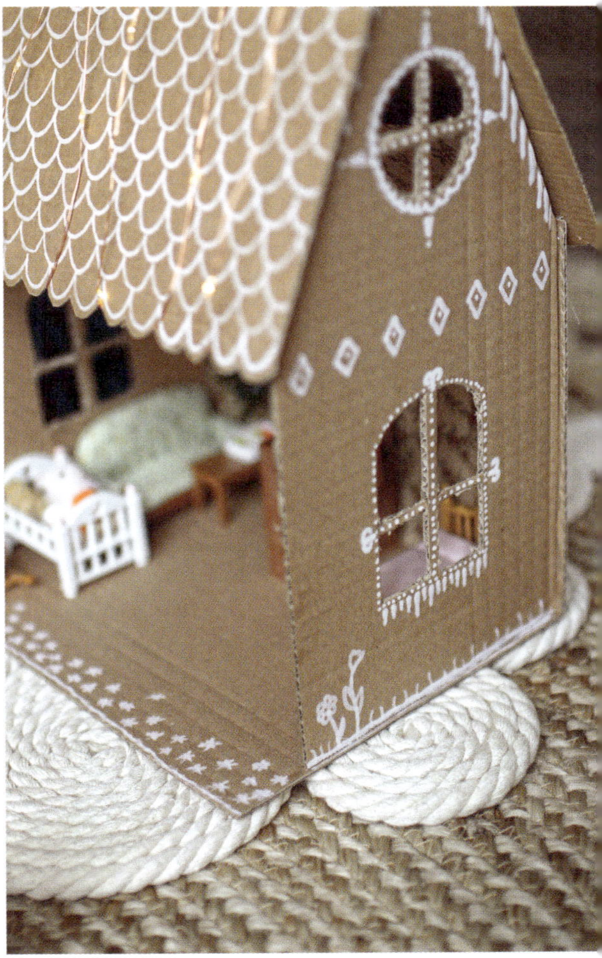

Basteln von Kindheitstagen an

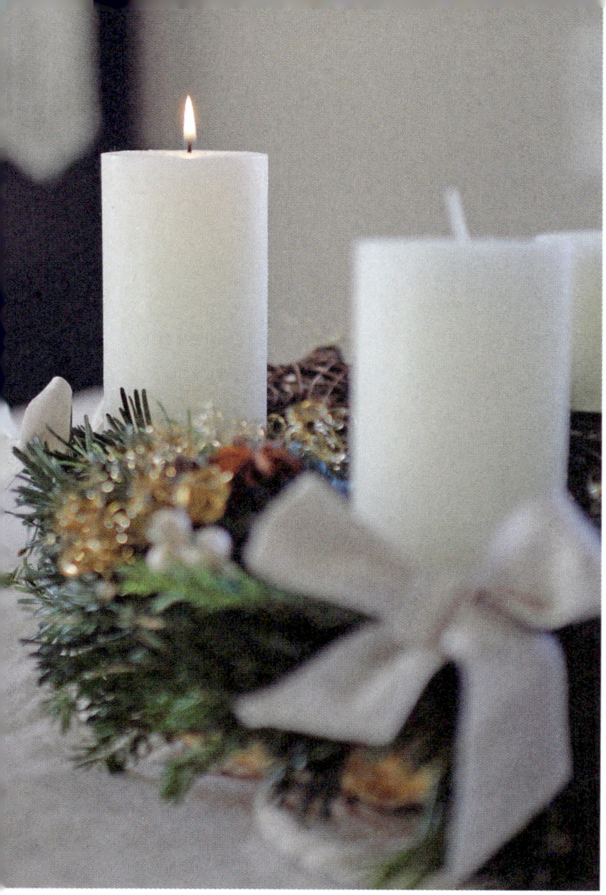

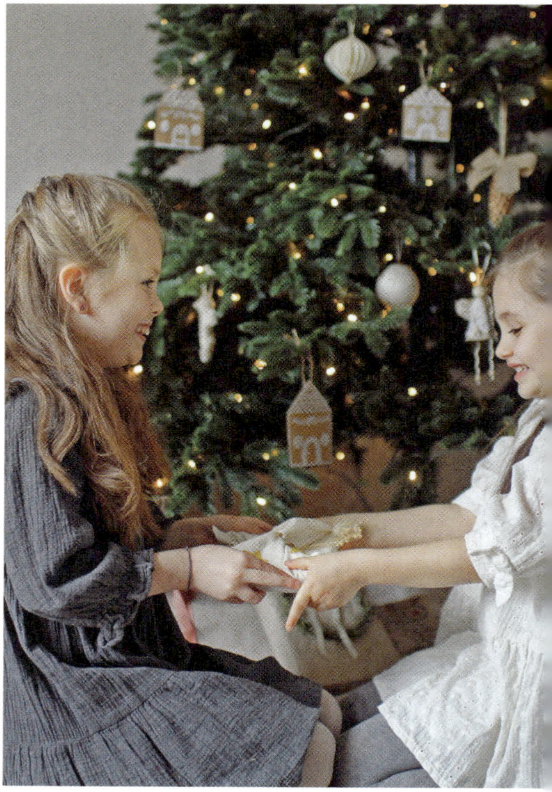

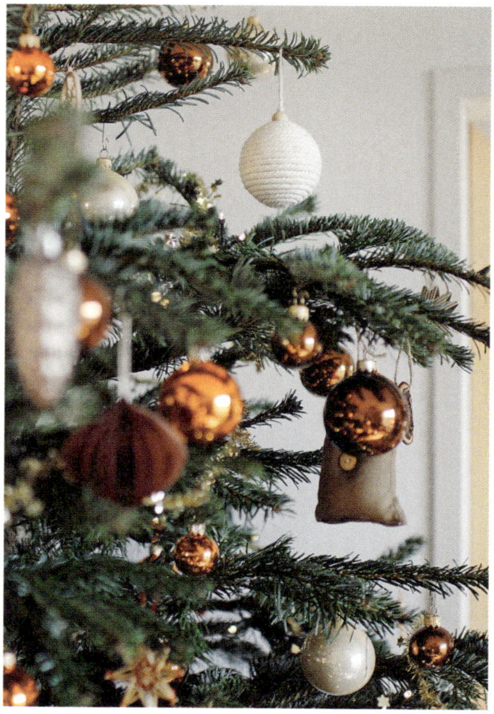

Ich selbst habe schon früh damit angefangen, bereits zu Kindergartenzeiten war ich aus der Bastel- und Malecke nicht wegzudenken. Für mich war es ein Ort, an dem aus dem Nichts heraus wunderschöne Dinge entstehen konnten. Ich war schon immer ein Creataholic, dem tagtäglich dutzende neue Ideen und Projekte durch den Kopf schießen, die am liebsten jetzt und sofort in die Tat umgesetzt werden möchten.

Innerhalb unserer Familie gab und gibt es Künstler, wie ich sie gern liebevoll nenne, wie zum Beispiel meine Urgroßmutter, die beinahe im Schlaf die aufwendigsten

Projekte stricken und häkeln konnte und zu Weihnachten Nudeln in Engel verwandelte. Meine Oma hatte früher sogar ihr eigenes Nähstübchen im Keller mit einem gigantischen Fundus an Stoffen, Wolle, Knöpfen und Nadeln, an dem ich mich bereits von Kindheit an mehrfach bedienen durfte.

Eine weitere, für mich sehr prägende und inspirierende Persönlichkeit war meine (leider bereits verstorbene) Tante, die wie ich nie die Hände stillhalten konnte. Ich war fasziniert von ihren Einfällen und deren Umsetzung. Da wusste ich schon damals als Kind: Irgendwann kann ich das auch! Ihre mit Stoff überzogenen Weihnachtskugeln und selbst genähten Kostüme sind mir bis heute in Erinnerung geblieben.

WINTERLICHE KREATIVE TRADITIONEN, DIE ERINNERUNGEN WECKEN

Wenn die Adventszeit im Anmarsch ist, kommen jedes Jahr aufs Neue weitere magische Kindheitserinnerungen in mir hoch, für die ich mehr als dankbar bin. Ich denke unheimlich gern zurück an unsere Traditionen und Bräuche, die für immer einen Platz in meinem Herzen eingenommen haben.

Vor meinem geistigen Auge sehe ich uns damals, als ich noch Kind war, rund um den Adventskranz sitzen: Jeden Adventssonntag wurde gebastelt, gesungen und der ein oder andere Weihnachtskeks vertilgt. Meine Mama las meistens eine Geschichte oder ein Gedicht vor, ich spielte Lieder auf meiner Blockflöte und manchmal holte mein Papa sogar das Akkordeon aus dem Keller. Der Zauber der Vorweihnachtszeit erweckt selbst heute als erwachsene Frau und Mutter ein wohliges, behagliches Gefühl in mir.

Egal ob es der Adventskranz ist, den meine Mama damals selbst dekoriert hat, der von ihr befüllte Adventskalender (auf den ich übrigens bis jetzt noch bestehe), die liebevoll vorbereiteten Nikolausstiefelchen, das gemeinsame Keksebacken bis hin zum Schmücken des Christbaums – all diese Traditionen führe ich nun mit meinen Kindern und meinem Mann fort und verliere mich Jahr für Jahr aufs Neue darin, ein unvergessliches Weihnachtsfest für uns, unsere Familie und Freunde zu gestalten. Diese Zeit im Jahr ist magisch, und genau das ist es, was wir in unser aller Leben mehr als genug gebrauchen können: einen klitzekleinen Hauch von Magie – oder gern auch eine ganze Ladung davon!

In dieser Zeit wird zusammen gelacht und Musik gemacht, während die Lichter der Kerzen und das Schimmern der Christbaumkugeln den Raum erhellen. Diese Momente sind es, die in uns Gefühle der Freude, Wärme und Geborgenheit erzeugen und uns ein Stück näher zueinander bringen. Vor allem in schnelllebigen Zeiten wie diesen sind entschleunigende Augenblicke unendlich kostbar und dürfen wieder wertgeschätzt werden. Mit diesem Buch möchte ich dich an solche Augenblicke heranführen.

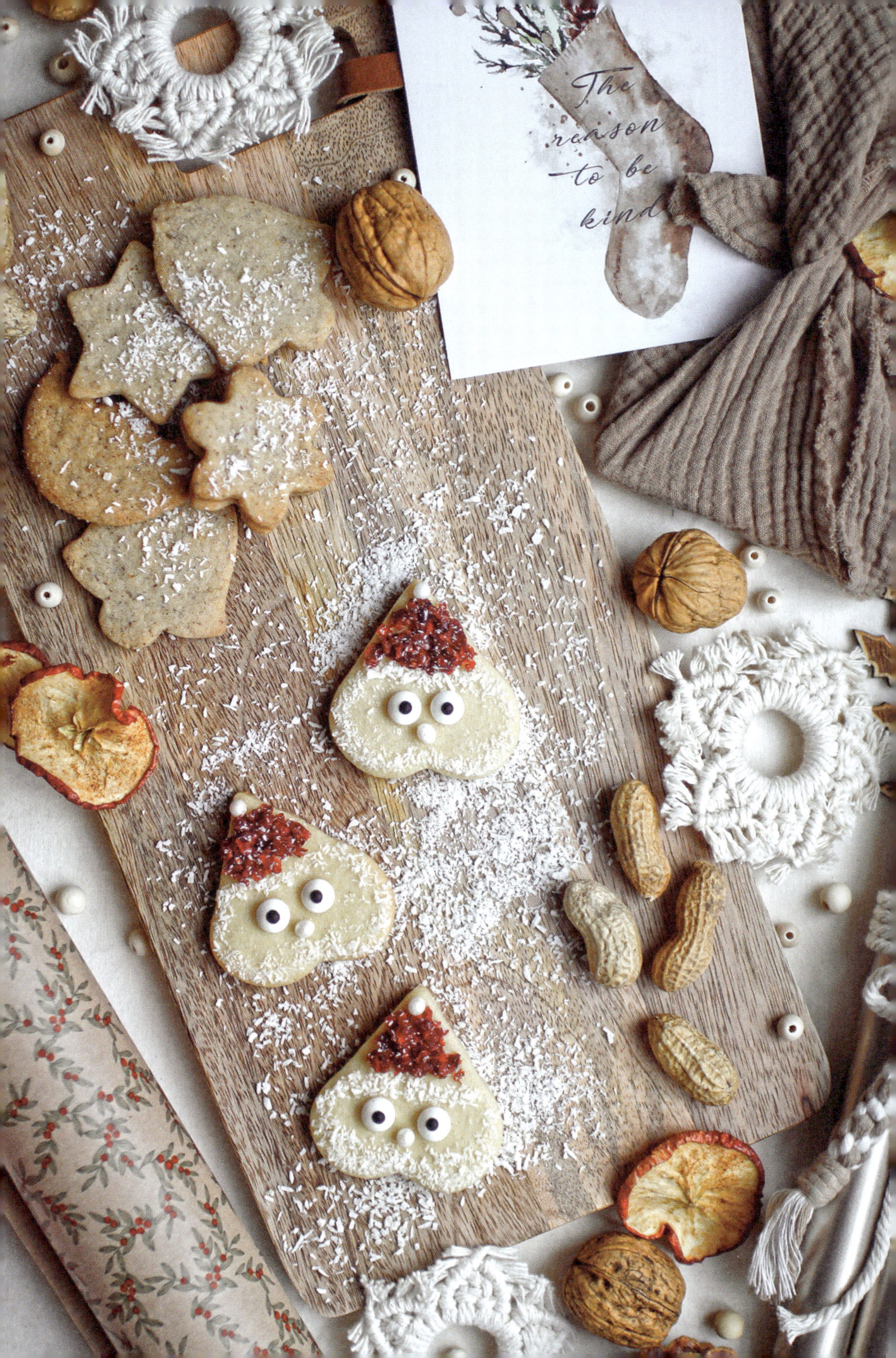
The reason to be kind

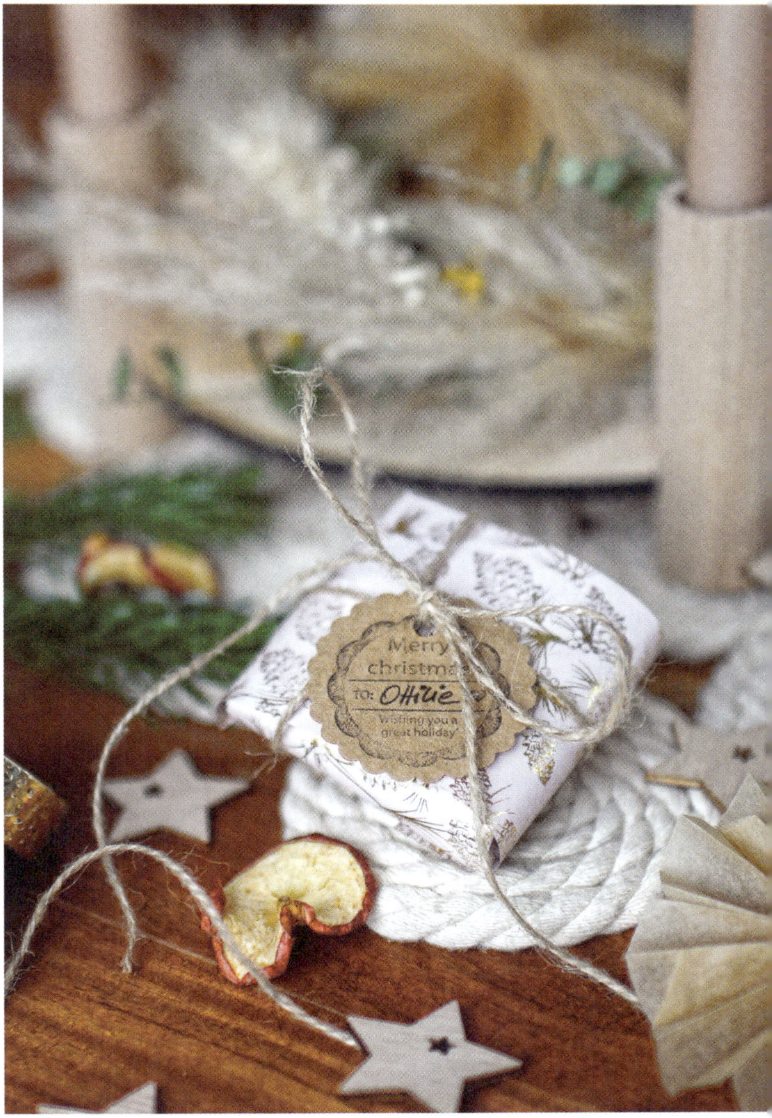

Zu diesem Buch: Die Idee und die Umsetzung

Die Themen Nachhaltigkeit und Umweltbewusstsein haben, seitdem ich denken kann, einen hohen Stellenwert in unserer Familie. Wir sind bloß zu Gast hier auf diesem wundervollen Planeten namens Erde – dieser Tatsache dürfen wir uns immer wieder bewusst werden. Auch wenn niemand perfekt ist und bei uns allen Luft nach oben in Sachen Nachhaltigkeit ist – entscheidend ist aber die Richtung, in die wir gehen, und dass wir diesen Weg gehen. Nachhaltigkeit erfordert ein ganzheitliches Denken und Handeln, das über bloße Umweltbelange hinausgeht und sich auf alle Aspekte unseres Lebens auswirkt.

Wenn wir mit offenen Augen durch die Welt gehen, lassen sich überall in der Natur wundervolle Schätze entdecken, die man zum Basteln nutzen kann, statt Material zu kaufen. Bei all der Schönheit, die uns in der Natur umgibt, wird man eigentlich ganz automatisch dazu inspiriert, Ausschau nach Materialien zu halten. Basteln mit Nachhaltigkeit zu vereinbaren, ist ein wichtiger Schritt, um unsere Umwelt zu schützen und unseren ökologischen Fußabdruck gering zu halten. Daher dieses Buch!

DO IT YOURSELF: BETTER TOGETHER

Zusammen macht's bekanntlich mehr Spaß – deshalb versuchen wir bei uns daheim, so oft es geht, einen gemeinsamen Nachmittag einzuplanen, an dem wir in der Natur nach neuen Schätzen suchen, um hinterher eine gemütliche Bastelstunde zu verbringen, bei der in der Adventszeit selbst gemachte Weihnachtsbäckerei und leckerer Kakao oder Tee nicht fehlen dürfen. Bei diesen gemeinsamen Auszeiten nutzen wir auch gern die Gelegenheit, um handgemachte Geschenke zu zaubern, die mit viel Liebe (zum Detail) und Hingabe für unsere Lieblingsmenschen vorbereitet und an Weihnachten verschenkt werden.

Mit meinem Buch lade ich dich dazu ein, bei uns Mäuschen zu spielen, dich inspirieren zu lassen und mit mir zusammen in die festliche Atmosphäre der Vorweihnachtszeit einzutauchen, die definitiv dazu anregt, kreativ zu werden. Mache deine Dekoration zu einem Ausdruck deiner Werte und gestalte dein Weihnachtsfest so, dass es im Einklang mit der Natur steht.

Oft denken wir bei Weihnachtsschmuck ja an unsere Kindheit, erinnern uns an vergangene Weihnachtsfeste und empfinden ein Gefühl von Heimat und Geborgenheit. Auch um in deinen eigenen vier Wänden etwas von diesem weihnachtlichen Flair zu verbreiten, habe ich in diesem Buch viele hübsche und einfach umzusetzende Ideen für dich zusammengetragen.

Ich freue mich darauf, dich mit diesen Projekten durch den Advent begleiten zu dürfen – nun lass uns loslegen und gemeinsam etwas Schönes kreieren!

Alles Liebe,

deine Vicky

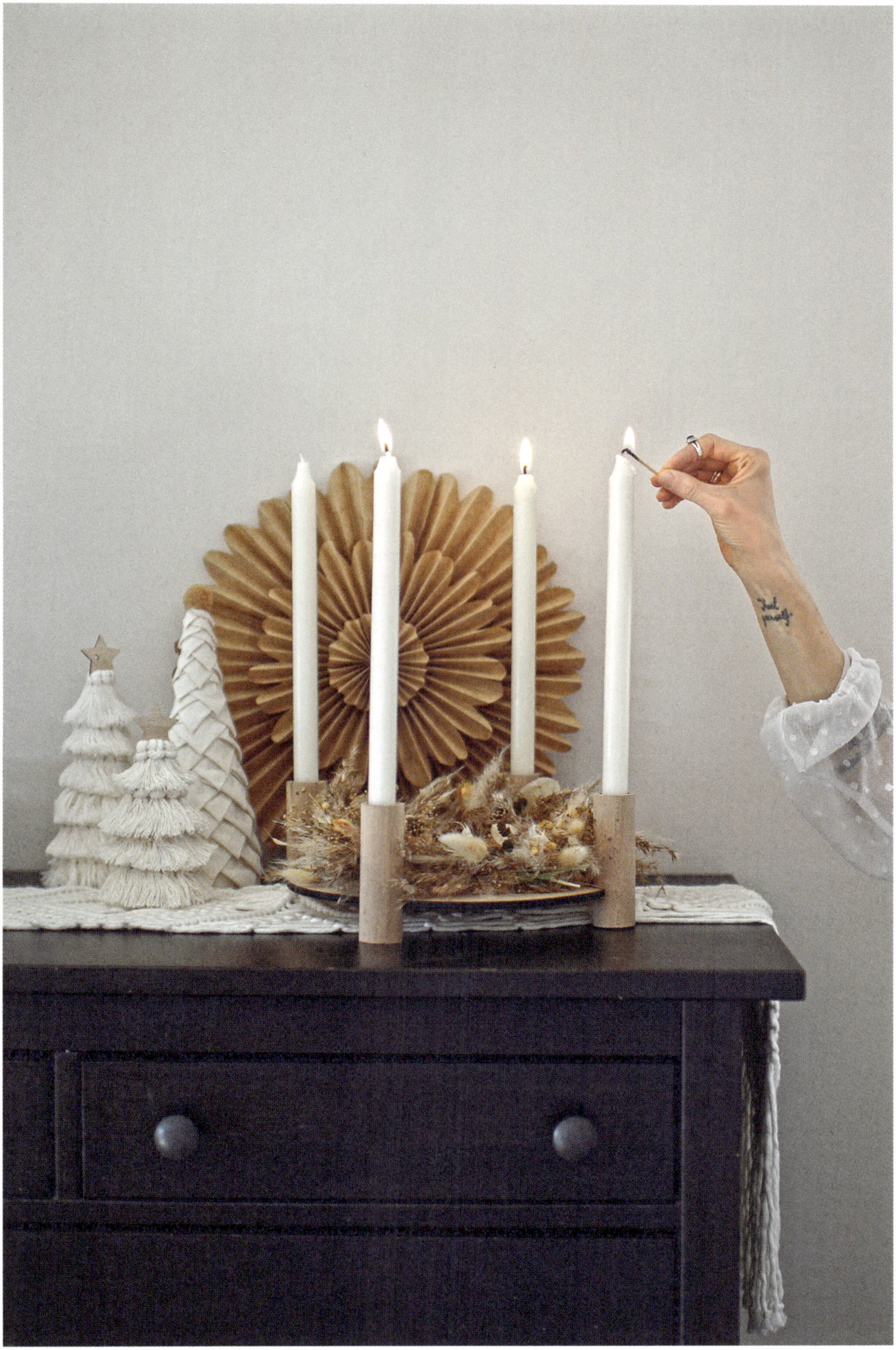

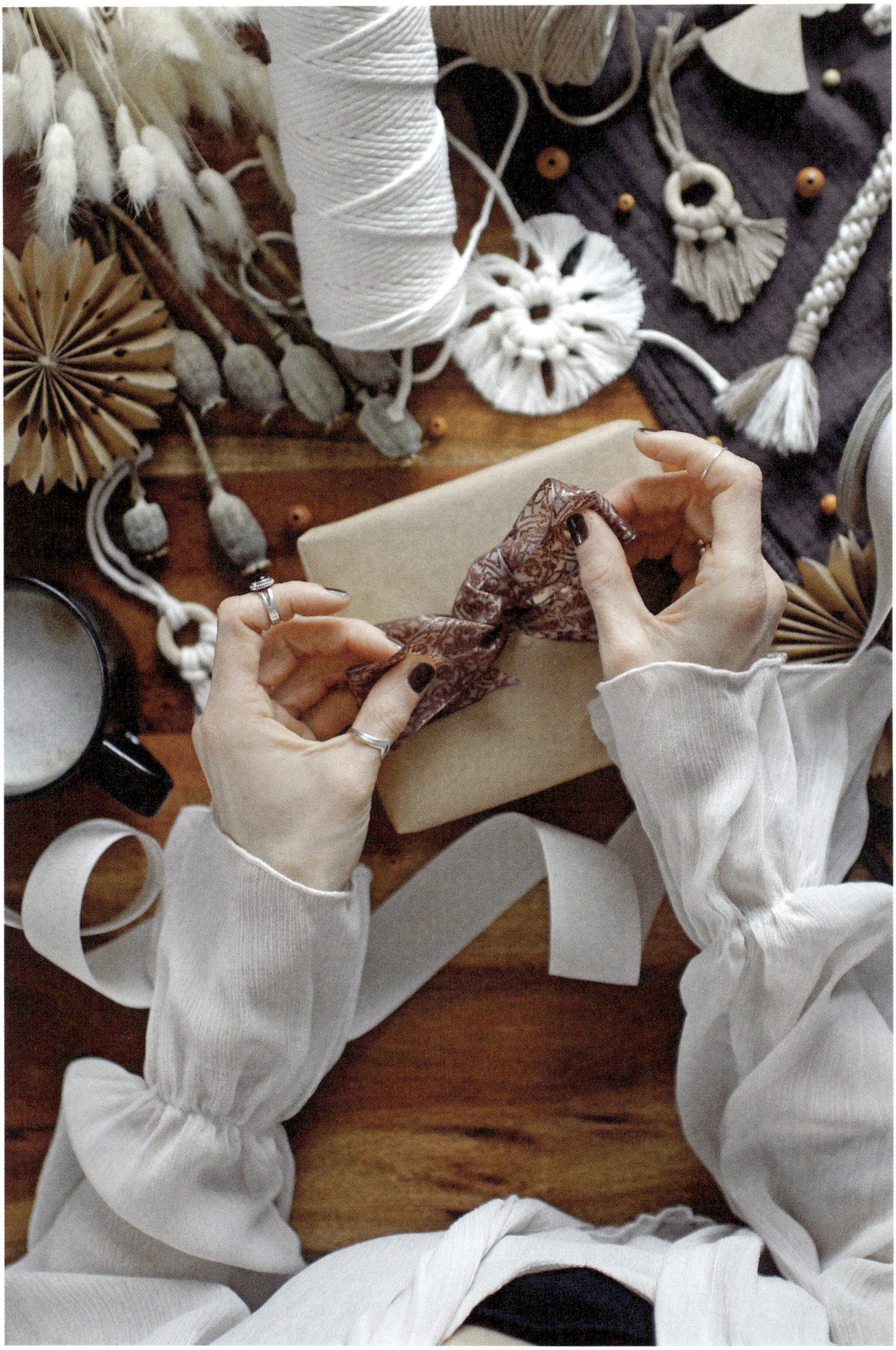

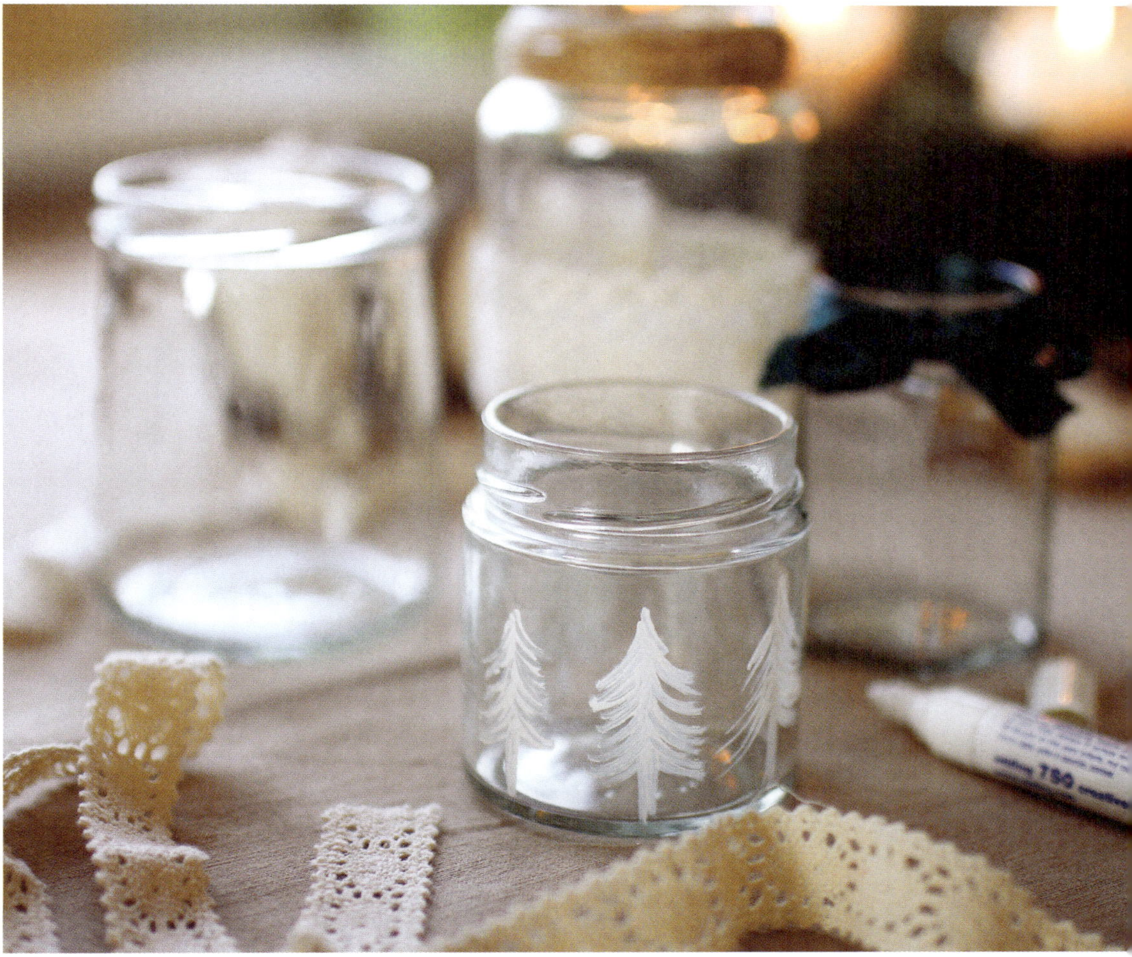

Basics für nachhaltiges Basteln

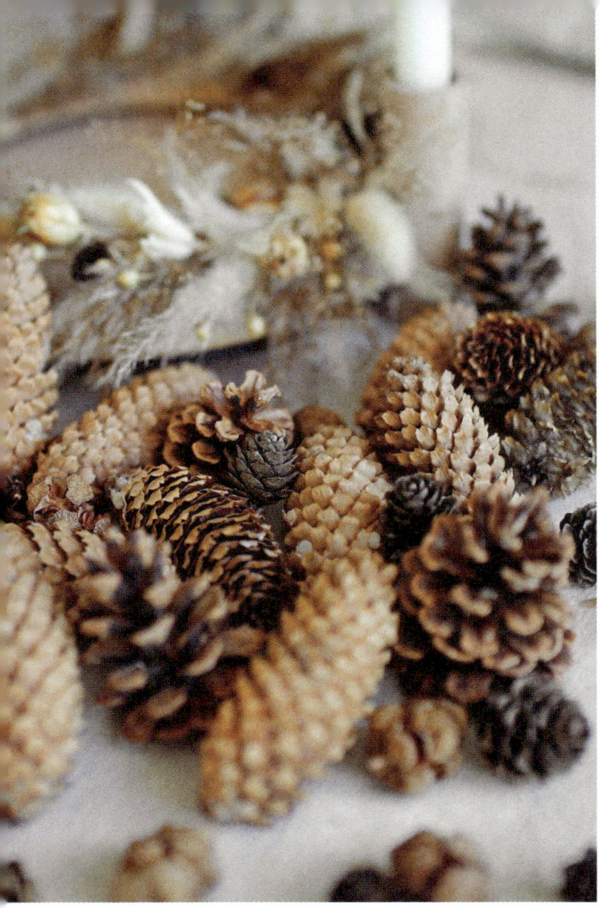

* Vermeide den unnötigen Verbrauch von Materialien. Versuche so wenig wie möglich zu verwenden und achte darauf, nur das zu sammeln/besorgen, was wirklich benötigt wird. Schneide zum Beispiel in der Natur nur so viele Äste wie erforderlich ab oder pflücke die Menge an Blumen oder Pflanzen (ohne die Wurzeln auszureißen!), die verbastelt werden kann. Geschützte oder seltene Arten dürfen nicht gesammelt werden. Wenn du dir unsicher bist, recherchiere im Vorfeld oder frage einen Experten vor Ort.

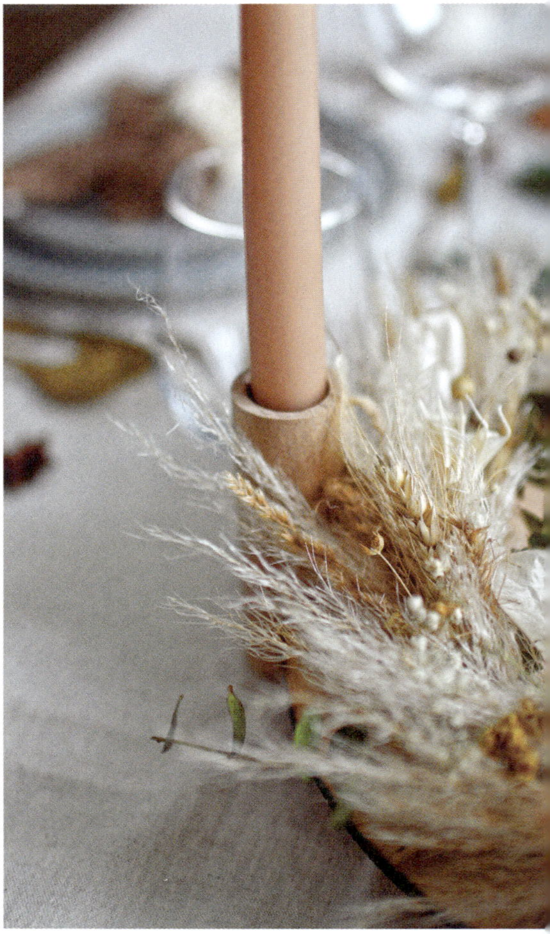

Hier sind einige Möglichkeiten, wie du beim Basteln nachhaltig, ressourcenschonend und -sparend handeln kannst. Indem wir diese einfachen Tipps befolgen und danach werken, können wir umweltbewusste Bastelprojekte gestalten und gleichzeitig unsere Kreativität in vollem Umfang ausleben!

* Sammle – in Maßen – Materialien aus der Natur. Zweige, Blätter, Steine, Muscheln, Gräser oder (getrocknete) Blumen sparen nicht nur Geld, sondern machen aus Bastelprojekten wundervolle Unikate. Dabei ist es jedoch wichtig, darauf zu achten, dass wir keine Schäden an der Natur verursachen.

✶ Nutze Dinge, die du bereits zu Hause hast, anstatt neue Bastelutensilien zu kaufen. Dabei gibt es unendlich viele Möglichkeiten und ein großes Angebot: zum Beispiel Zeitungspapier, leere Glasflaschen, Dosen, Stoff- oder Garnreste und Ähnliches. So reduzieren wir unseren Abfall und geben alten Gegenständen ein zweites Leben.

✶ Verwende, wenn möglich, statt chemische natürliche Kleber, wie beispielsweise Mehlkleister oder Klebstoffe auf Basis von Wasser. Bei manchen Basteleien bleibt uns der Griff zum Heißkleber jedoch leider nicht erspart – aber wenn das Projekt in Ehren gehalten oder gar vererbt wird, kann es sich auf lange Sicht lohnen: Eine sorgfältige Auswahl der Materialien und eine präzise Anwendung des Heißklebers können dazu beitragen, dass das Werkstück seine Stabilität und Ästhetik über die Jahre hinweg bewahrt.

✶ Recycle deine Bastelobjekte. Wenn etwas nicht mehr gefällt, darf überlegt werden, wie es wiederverwendet oder recycelt werden kann. Anstatt Vorhandenes wegzuwerfen, kannst du aus diesen Materialien neue Dekoration für dein Zuhause erstellen oder sie an Freunde oder Familie verschenken. Ich verwende beispielsweise die Trockenblumen von Kränzen oder floralen Projekten immer und immer wieder für neue Arbeiten. Nicht verschwenden, wiederverwenden!

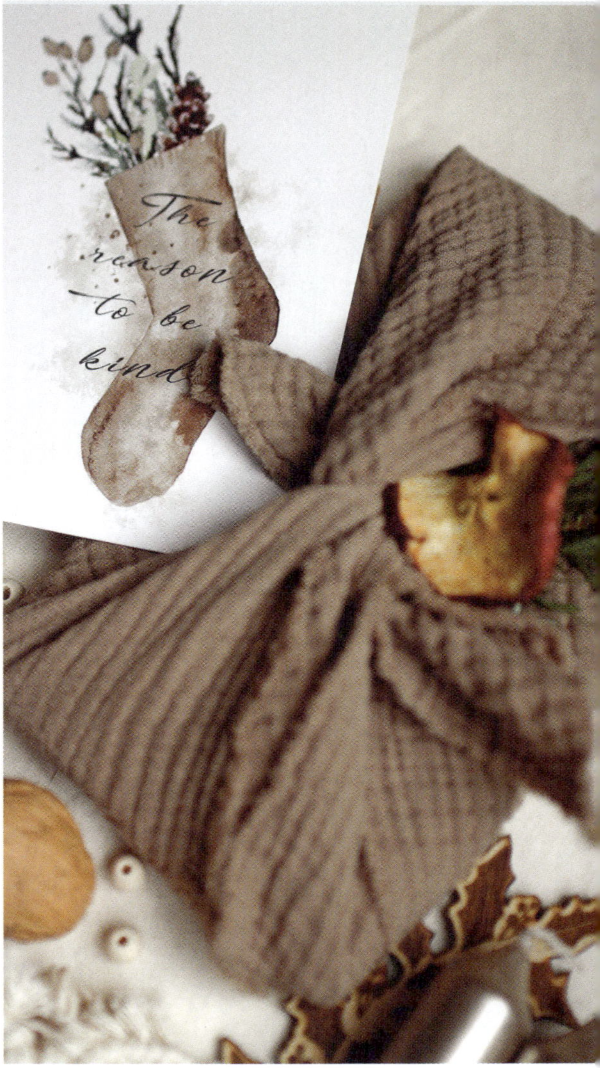

✶ Bewahre bereits gebrauchtes Geschenkpapier, Schleifen und Geschenkbänder auf! Das ist nicht nur gut für den Geldbeutel, sondern auch für die Umwelt. Durch das Wiederverwenden reduziert man den Bedarf an neuen Materialien. Das spart Ressourcen wie Energie und Wasser, die bei deren Herstellung benötigt werden.

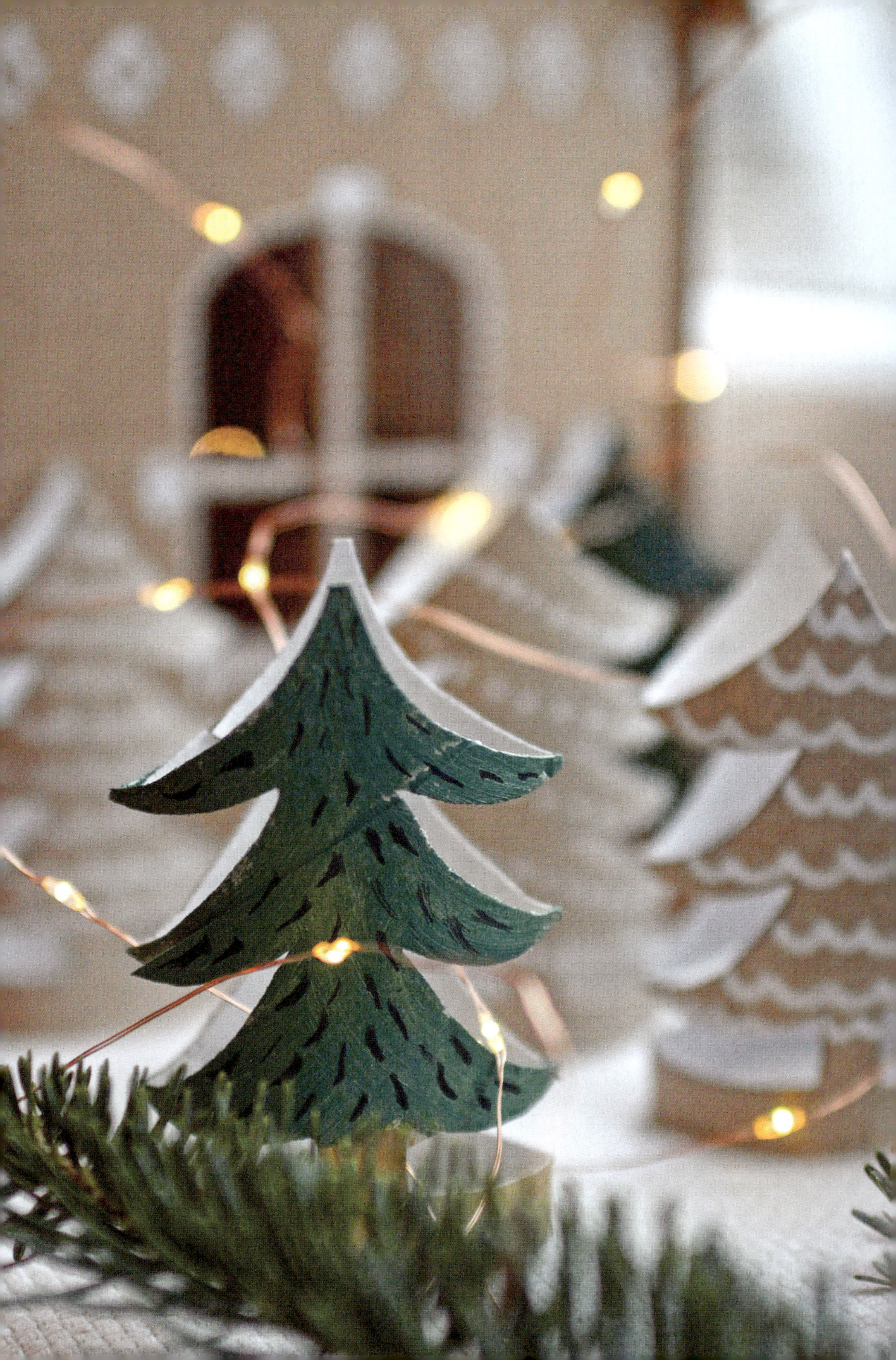

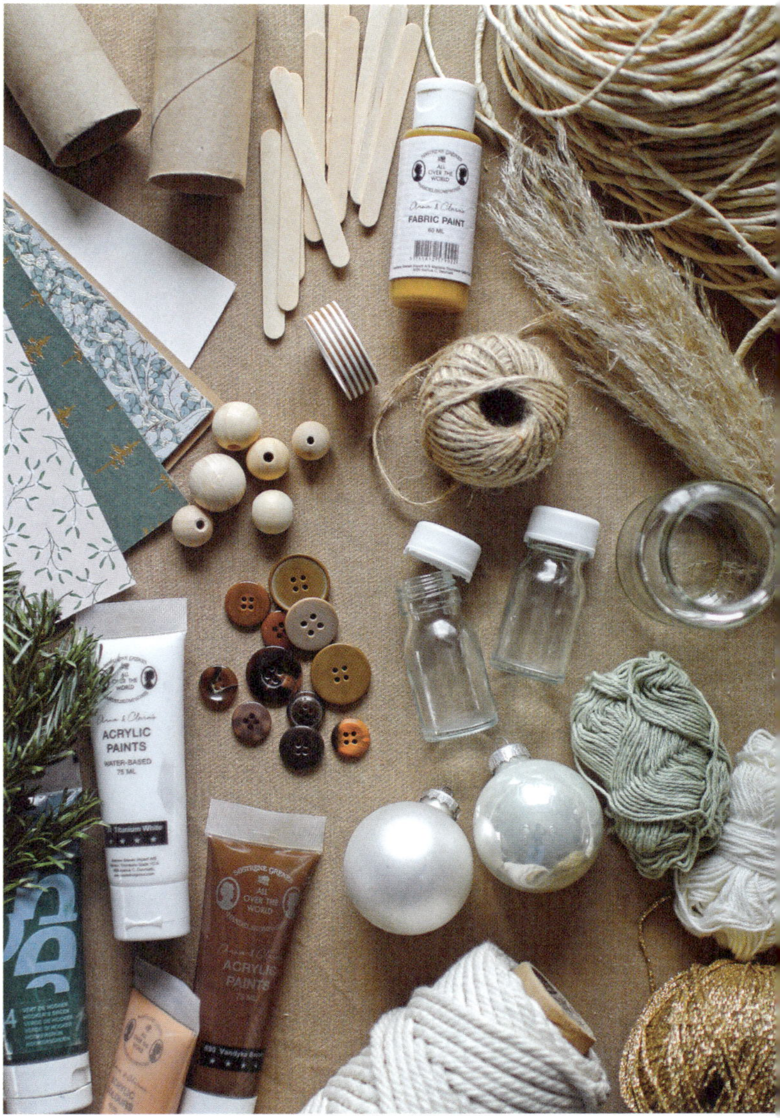

Tipps & Tricks zur Materialbeschaffung im Detail

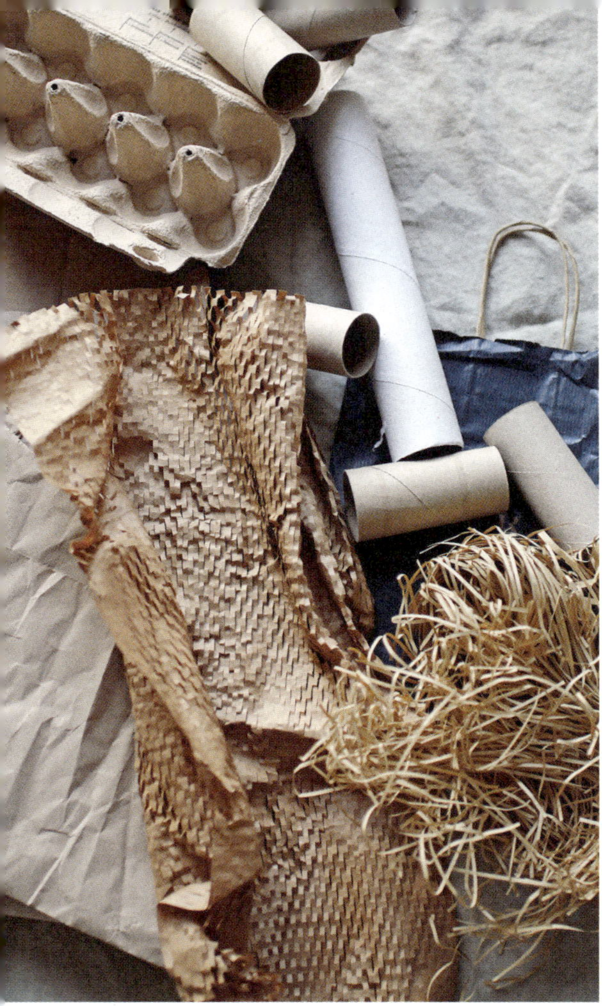

Oft werde ich gefragt »Vicky, woher nimmst du bloß immer das ganze Material für all deine DIY-Projekte?«. Gerne möchte ich dich hier an meinen liebsten Tipps und Tricks teilhaben lassen, die sich um die Beschaffung von nachhaltigen Bastelmaterialien im Einzelnen drehen:

PAPIER, PAPPE & CO.

Leg dir einen kleinen Vorrat an Verpackungsmaterial an, das du von diversen Lieferungen aufbewahren kannst. Stopfmaterial aus Papierbahnen lege ich sorgfältig zusammen und streiche es glatt. Manchmal lege ich auch Gewichtsscheiben oder schwere Bücher darauf, um das Papier »auszubügeln«. Damit lassen sich dann prima alle DIY-Geschenkpapier-Ideen verwirklichen.

Auch bereits verwendete Papiertragetaschen lassen sich mit ein paar Handgriffen hervorragend in Geschenkpapier oder -tüten verwandeln. Genauso können Kartons, in denen du manch eine Bestellung geliefert bekommst, super wiederverwertet und verbastelt werden – sei es für ein Lebkuchenhäuschen oder Geschenkanhänger.

Mein Bestand an diversen Papiersorten, der sich über die Jahre hinweg angehäuft hat, bietet großen Spielraum – wir nutzen einfach das, was da ist. Alles wird irgendwann verwendet, verwertet, oder verbastelt und bekommt seinen Auftritt.

Leere Toilettenpapierrollen sowie Eierkartons sind DIE Stars am Bastelhimmel und bei den meisten Projekten nicht mehr wegzudenken. Vielseitig einsetz- und wandelbar machen sie zu jedem Anlass eine gute Figur und sind auch bei den Kids ein beliebtes Bastelmaterial geworden!

Falls du eine größere Anzahl an Toilettenpapierrollen oder Eierkartons zum Basteln benötigst, bitte deine Familie, Freunde und Nachbarn, für dich zu sammeln. So bekommst du schneller eine große Menge zusammen.

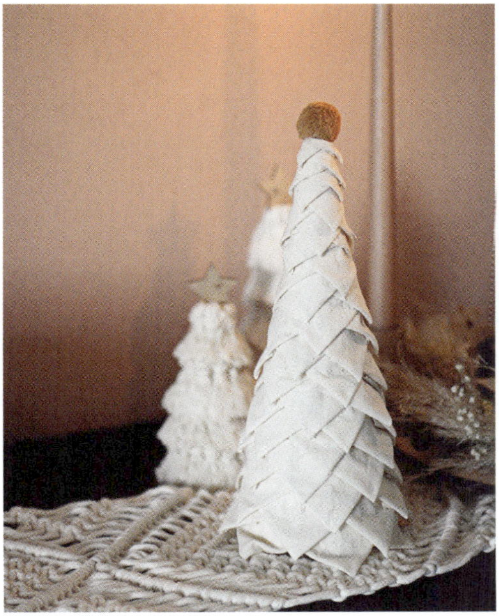

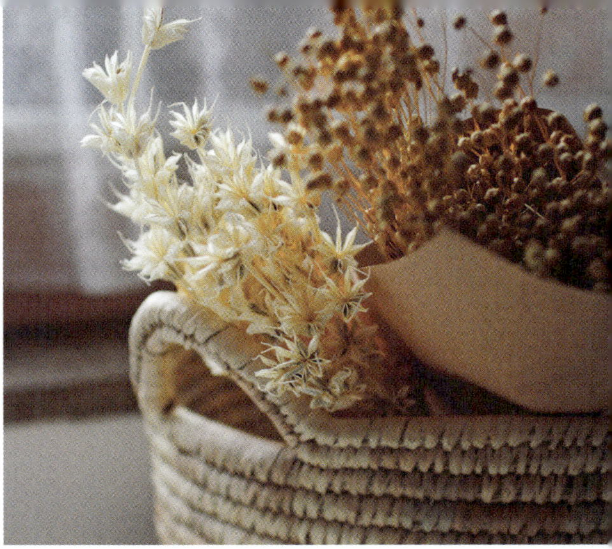

GLÄSER UND KONSERVEN

Wirf Gläser oder Flaschen nicht gleich weg! Das Recycling von Altglas ist besonders wichtig, da Glas ein wertvoller Rohstoff ist, der immer wieder verwendet werden kann. Dadurch können Ressourcen geschont und die Umweltbelastung reduziert werden. Ich habe zum Beispiel immer ein paar leere Gläser von Marmelade, Essiggurken, Sugo oder Ähnlichem in verschiedenen Größen in der Vorratskammer parat. Diese eignen sich prima, um Windlichter zu gestalten, oder können als Behältnis für ein kleines Geschenk, wie etwa Kerzen, dienen.

Leere Flaschen oder kleine Fläschchen bieten sich für selbst gemachte Geschenke aus der Küche an, wie beispielsweise Eierlikör, Sirup, Kräutersalz oder Chutneys. Selbst ein paar Konservendosen können deinen Fundus bereichern – etwas aufgehübscht und mit Backpapier ausgelegt, lassen sich damit hausgemachte Kekse, Marzipankartoffeln und andere Leckereien ansprechend verpacken.

STOFFE

Stoffresten oder nicht mehr benötigten Stoffen kann als Deko-Element oder Geschenkpapier-Alternative neues Leben eingehaucht werden. Auch hier sind die Gestaltungs- und Einsatzmöglichkeiten unglaublich vielfältig!

NATURMATERIALIEN

Über das Jahr hinweg sammeln wir immer mal wieder Blätter, Blumen, Blüten, Gräser, Kräuter, Treibholz, Zapfen, Steine und andere Schätze der Natur – somit ist unsere Sammlung an Naturmaterialien meist sehr gut bestückt und vielfältig. Und wir können daraus dann aus den Vollen schöpfen, wenn es ans Basteln geht.

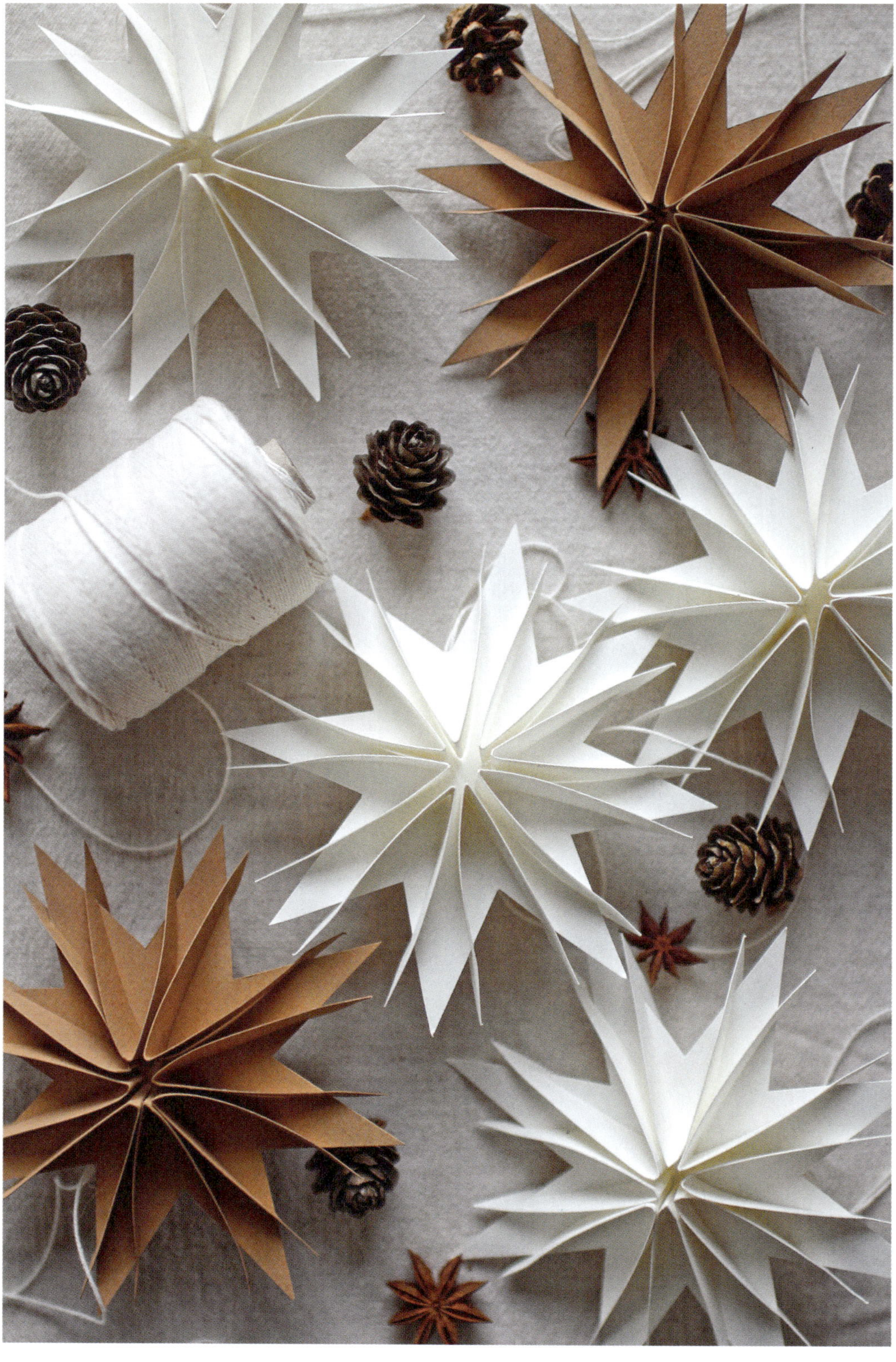

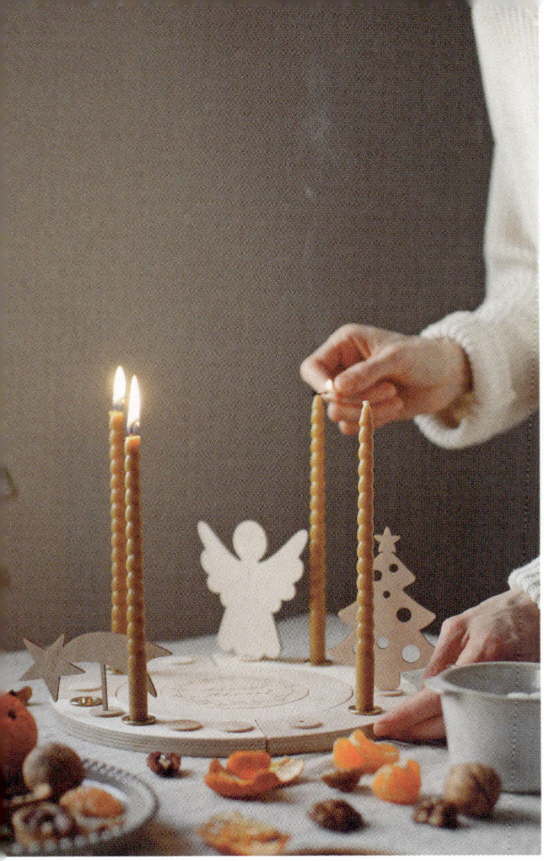

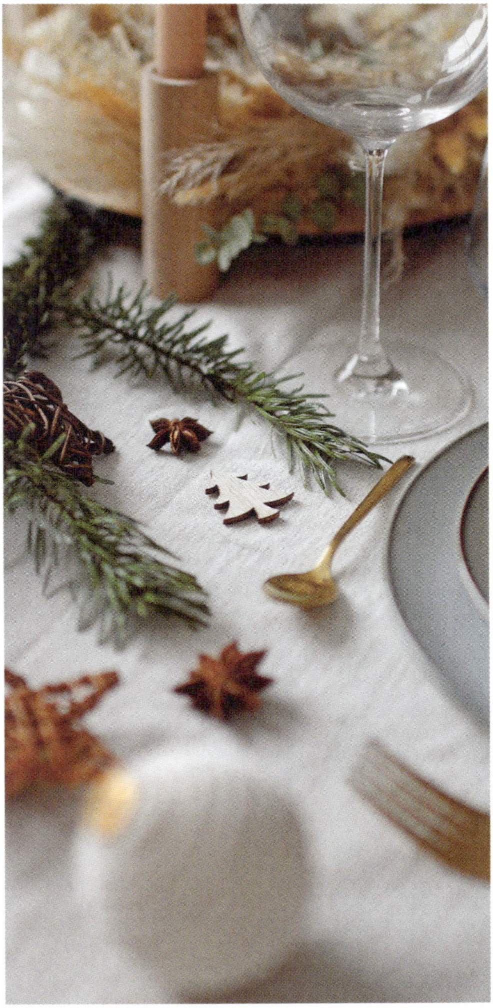

Ressourcenschonender Weihnachtsschmuck

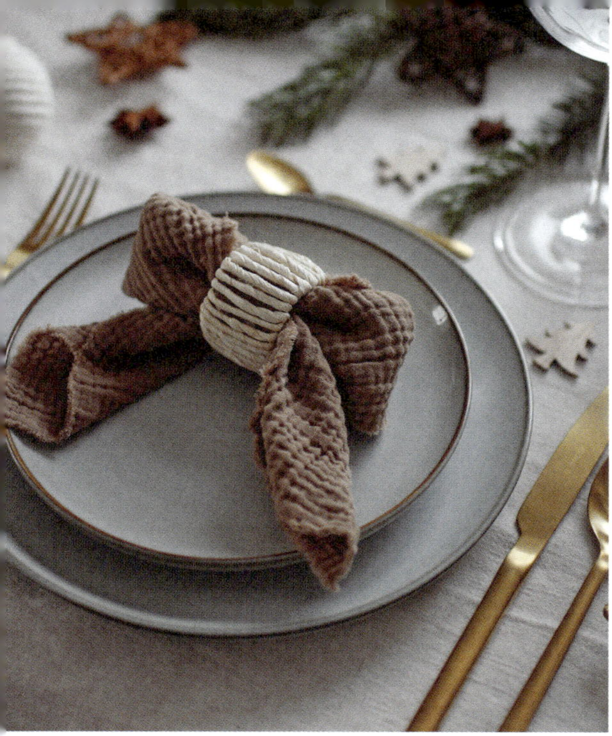

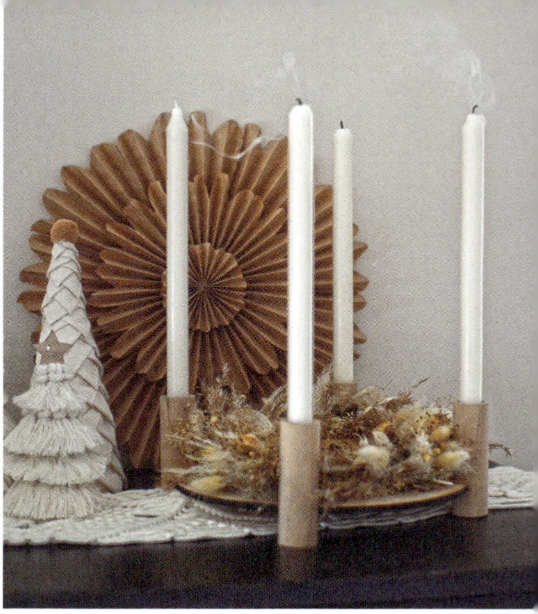

Meist braucht es gar nicht viel, um eine stimmungsvolle Dekoration zu gestalten – in diesem Fall gilt das Motto »Weniger ist mehr«.

Die Weihnachtszeit ist eine wundervolle Gelegenheit, um unser Zuhause in festliche Stimmung zu versetzen. Doch während wir unsere Häuser schmücken, sollten wir auch an die Umwelt denken. Nachhaltige Weihnachtsdekoration ermöglicht es uns, die Schönheit der Feiertage zu genießen, ohne dabei die natürlichen Ressourcen zu verschwenden. Indem wir natürliche Materialien verwenden, wiederverwendbare Elemente wählen, kreativ upcyceln, auf energieeffiziente Beleuchtung setzen, lokale und fair gehandelte Produkte bevorzugen und nach den Feiertagen umweltbewusst aufräumen, können wir dazu beitragen, ein nachhaltiges Weihnachten zu gestalten.

NATUR NUTZEN

Statt auf künstliche Materialien zurückzugreifen, ist es doch viel schöner und stimmiger, wenn wir bei der Weihnachtsdekoration auf natürliche Elemente setzen. Holz, Zapfen, getrocknete Blumen, Zweige und andere Pflanzenmaterialien können wunderbare Akzente setzen. Nutze beispielsweise Baumstämme als rustikale Basis für Kerzen oder stelle eine hübsche Schale mit duftenden Tannenzweigen auf den Tisch. Die Verwendung von natürlichen Materialien verleiht der Dekoration eine organische und erdige Note.

HOCHWERTIGES WÄHLEN

Ein weiterer wichtiger Aspekt sind auch bei der Weihnachtsdeko wiederverwendbare Elemente. Anstatt da jeden Advent Neues zu kaufen, sollten wir auf hochwertige und langlebige Stücke setzen, die wir

Jahr für Jahr nutzen können. Investiere zum Beispiel in ausgewählte, zeitlose Christbaum-Schmuckstücke aus Glas oder Keramik anstelle von Plastikdekoration. Dadurch reduzierst du nicht nur deinen ökologischen Fußabdruck, sondern sparst langfristig außerdem Geld.

UPCYCELN

Upcycling und DIY-Projekte sind ebenfalls großartige Möglichkeiten, um nachhaltige Weihnachtsdekoration zu schaffen. Statt jährlich noch Weiteres zu kaufen, können wir alte Gegenstände wiederverwenden und ihnen neues Leben einhauchen. Verwandle zum Beispiel leere Gläser in Teelichthalter, alte Stoffreste in individuelle Christbaumanhänger oder gebrauchte Holzbretter in eine festliche Tafel für dein Weihnachtsessen. Kreativität und Fantasie sind hier gefragt, um einzigartige und persönliche Schmuckstücke zu gestalten.

STROM SPAREN

Weihnachtsbeleuchtung gehört zweifellos zu den beliebtesten Elementen der festlichen Dekoration. Um nachhaltig zu handeln, sollten wir jedoch auf energieeffiziente Alternativen achten. LED-Lichterketten sind eine ausgezeichnete Wahl, da sie im Vergleich zu herkömmlichen Glühlampen deutlich weniger Strom verbrauchen. Außerdem ist es sinnvoll, dass die Beleuchtung nur dann eingeschalten wird, wenn sie wirklich benötigt wird. Dabei unterstützen uns Zeitschaltuhren, um den Energieverbrauch weiter zu reduzieren.

HERKUNFT BEACHTEN

Beim Kauf von Weihnachtsdekoration sollten wir auch auf die Herkunft der Produkte achten. Unterstütze lokale Kunsthandwerker und Designer, indem du Handgefertigtes aus der Region erwirbst. Bevorzuge Fair-Trade-Label, um sicherzustellen, dass die Ware unter gerechten Bedingungen hergestellt wurde. Dies ermöglicht es uns, ein Bewusstsein für soziale und ökologische Verantwortung zu schaffen und gleichzeitig einzigartige und authentische Stücke zu erhalten.

UMWELTBEWUSST ENTSORGEN

Schließlich sollten wir auch das Ende der Weihnachtszeit bedenken. Nachhaltiger Xmas-Schmuck umfasst auch das umweltbewusste Aufräumen. Bewahre wiederverwendbare Dekorationen sorgfältig auf, damit sie in den kommenden Jahren erneut verwendet werden können. Kompostiere natürliche Materialien wie Tannenzweige oder Laub, anstatt sie einfach wegzuwerfen. Die Mülltrennung ist ein weiteres wichtiges Thema. Alte oder beschädigte Stücke bitte immer entsprechend den örtlichen Recyclingrichtlinien entsorgen!

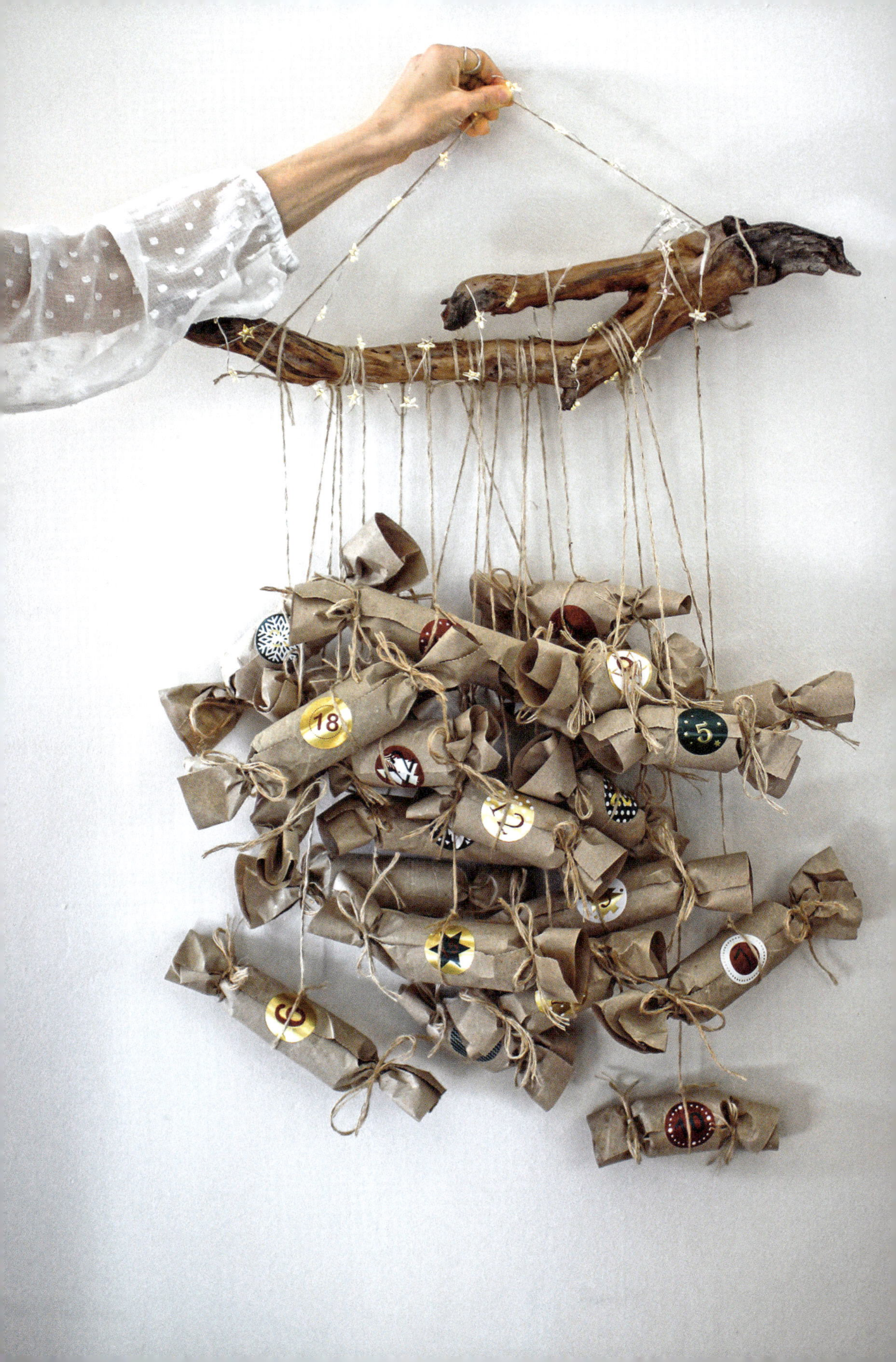
18
5

Adventskalender

MATERIAL:

- 24 Toilettenpapierrollen
- 24 kleine Geschenke
- Stopf- oder Packpapier (z. B. von Paketsendungen)
- Zahlensticker 1–24
- Juteschnur
- Treibholz

HILFSMATERIAL:

- Schere

Ein Adventskalender kann uns auf die bevorstehende Weihnachtszeit einstimmen und unsere Vorfreude auf das Fest steigern. Jeden Tag ein Türchen, oder in diesem Fall eine Rolle, öffnen zu dürfen und zu sehen, was sich dahinter verbirgt, weckt in uns ein nostalgisches Gefühl und bringt uns das Weihnachten unserer Kindheit in Erinnerung. Ist der 1. Dezember dann endlich da, wird es spannend: Das Glitzern in den Augen der Kinder ist unbezahlbar – und genau darum schätze ich diese Tradition sehr! Auch für mich selbst ist ein Adventskalender ein Muss in der Vorweihnachtszeit.

Ich habe hier eine wundervolle Idee für einen selbst gemachten Kalender für dich vorbereitet, die schlicht, aber dennoch ein Hingucker ist.

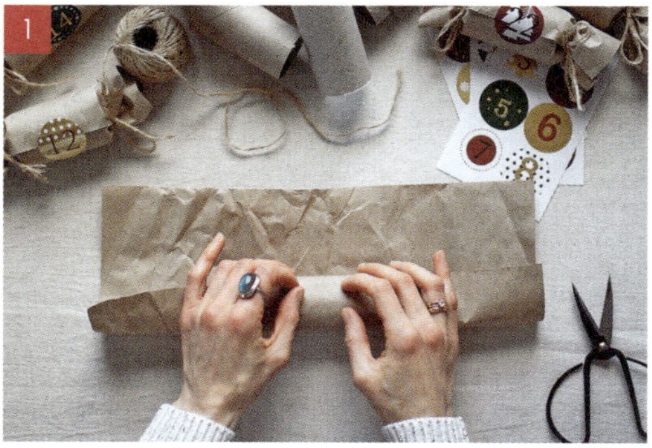

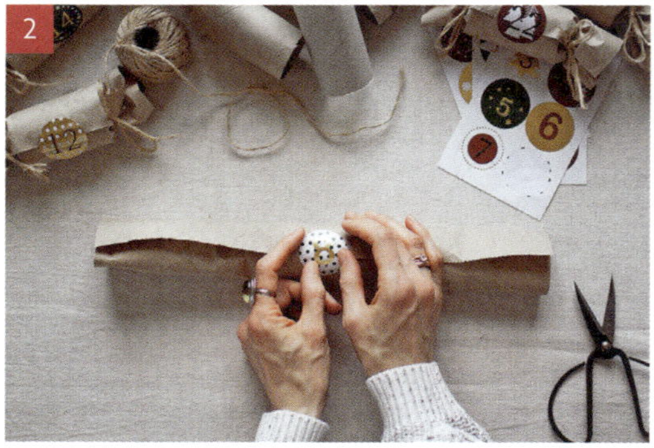

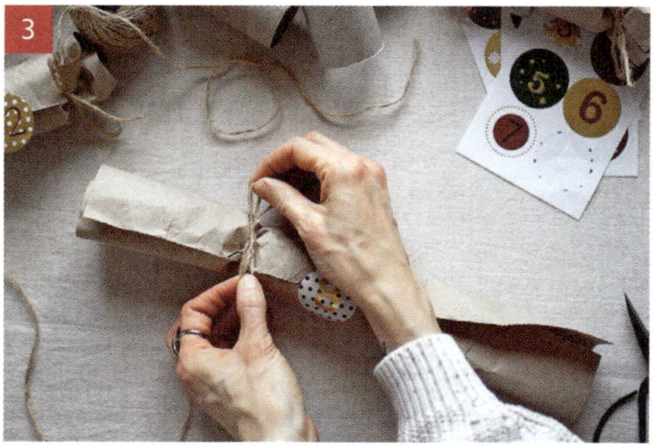

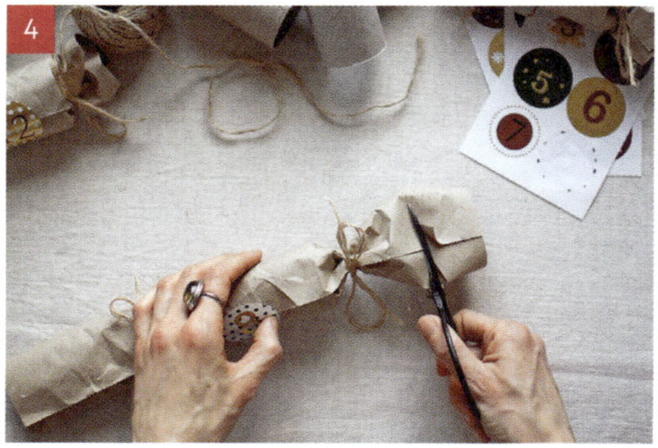

1) 24 Rollen (diese können je nach Belieben auch kleiner zurechtgeschnitten werden) mit kleinen Geschenken befüllen. Die Rollen in Stopf- oder Packpapier einwickeln.

2) Das Papier jeweils mit einem entsprechenden Zahlensticker zukleben.

3) Das Papier an beiden Seiten mit jeweils einer Schleife aus Juteschnur zubinden und die Rollen so verschließen.

4) Zu langes, überstehendes Papier zurechtschneiden.

5) Die Rollen einzeln an ein Stück Treibholz festbinden.

5

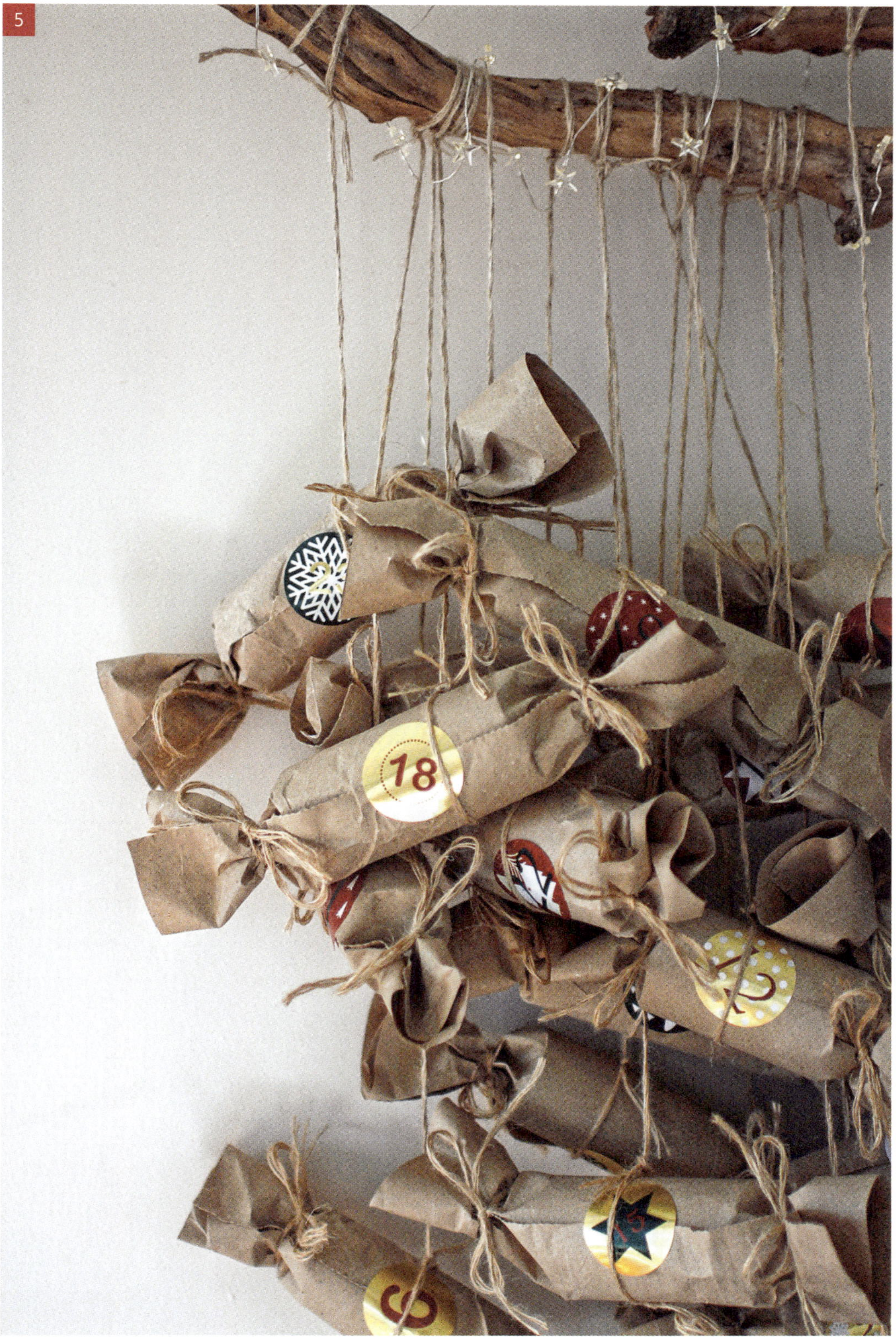

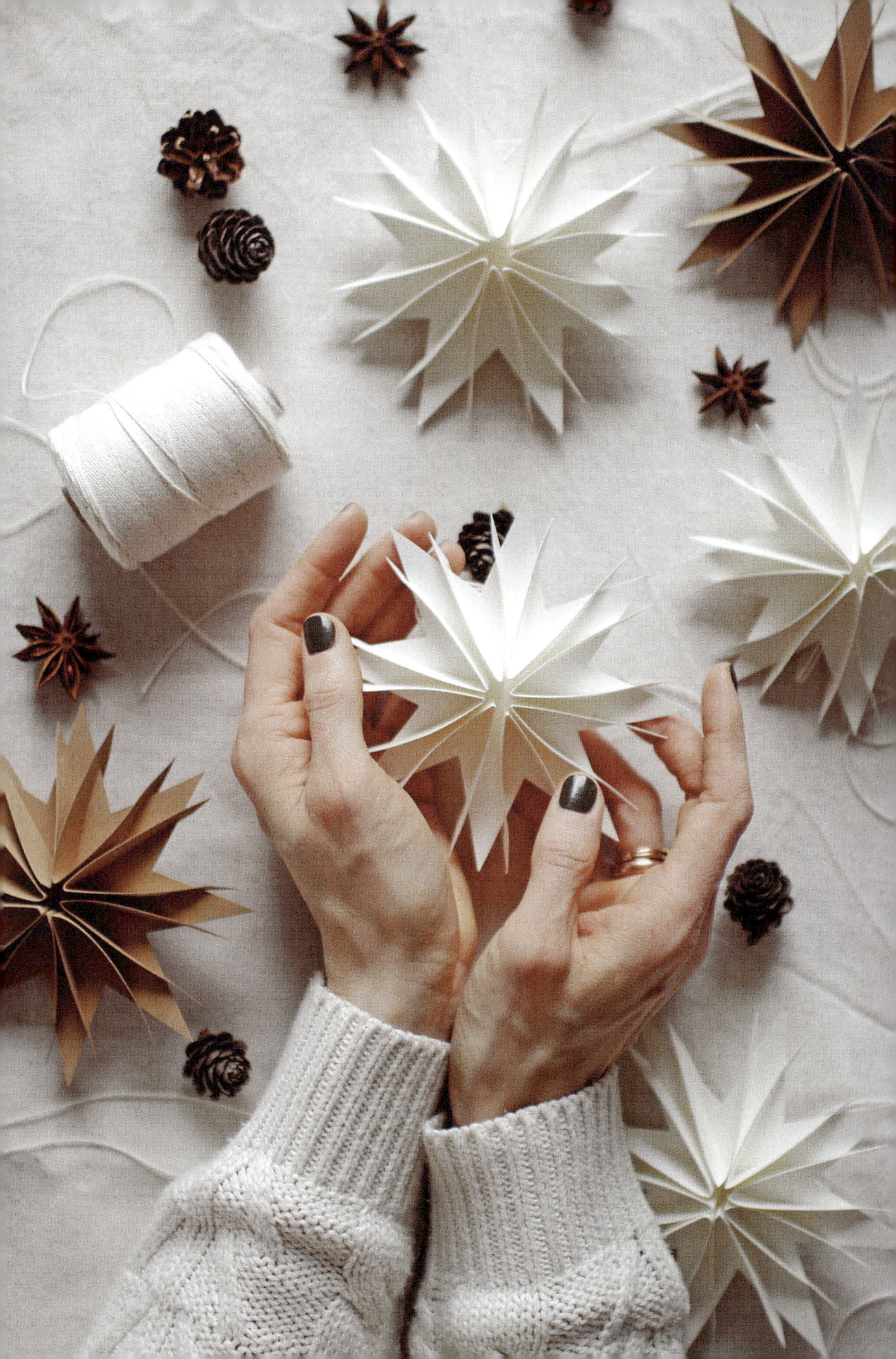

Stecksterne

MATERIAL:

- Bastelkarton in Weiß, Braun
- Baumwollgarn/-kordel in dünner Qualität

HILFSMITTEL:

- Vorlage/Schablone Stern und Raute
- Stift
- Schere
- Lineal
- Kleber

Schlicht und simpel – mögen wir alle, oder? Diese moderne und stylische Interpretation eines Weihnachtssterns hat mir letztes Jahr am besten gefallen. Deshalb freu ich mich darauf, sie mit dir zu teilen, und bin mir sicher, dass diese Sterne auch in deinem Zuhause weihnachtlichen Zauber aufleben lassen werden.

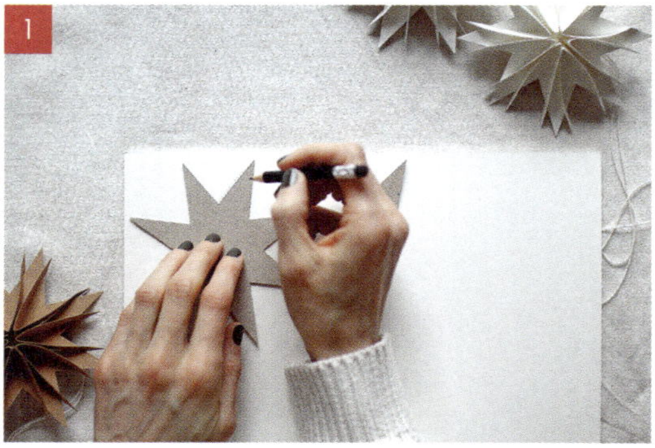

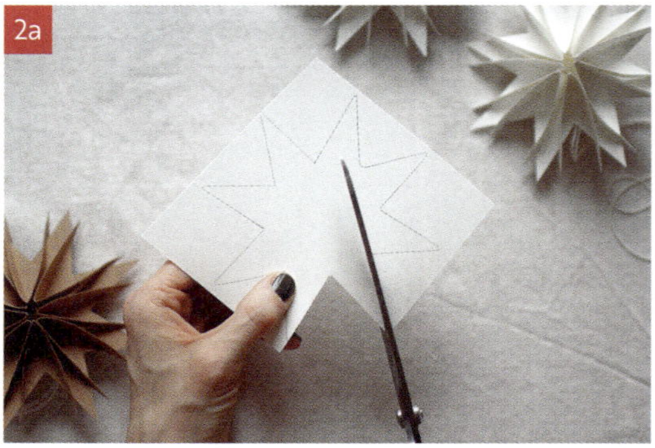

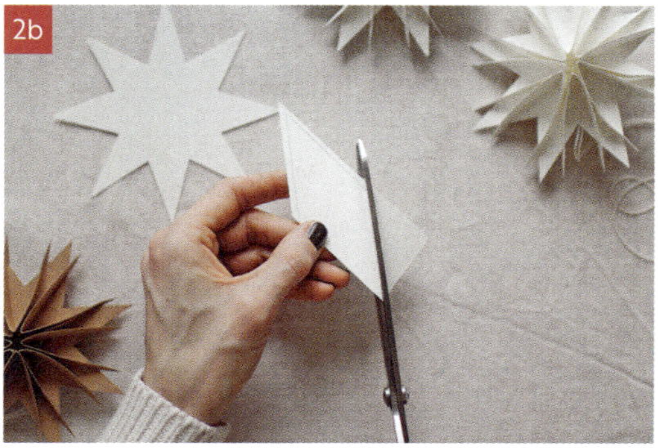

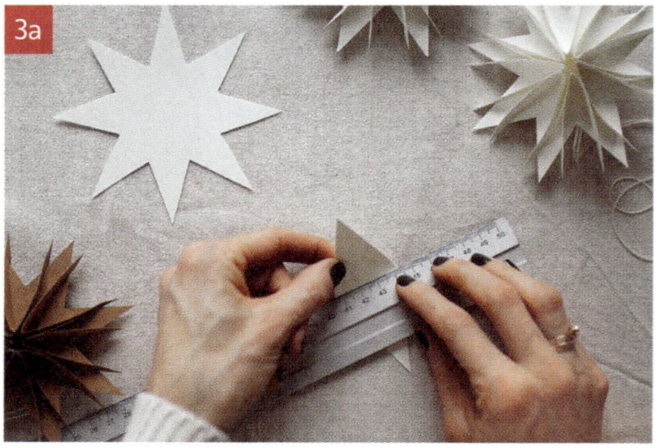

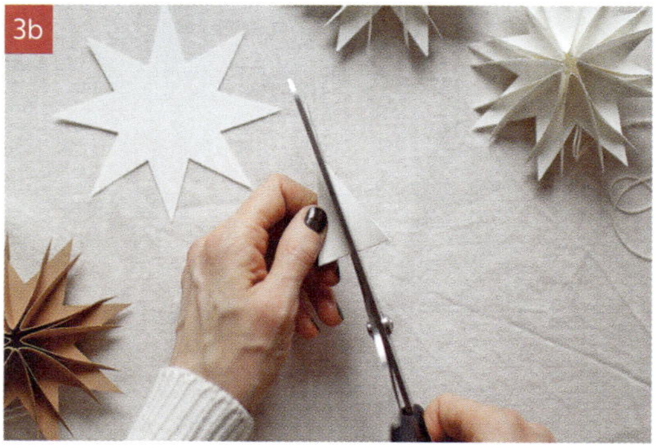

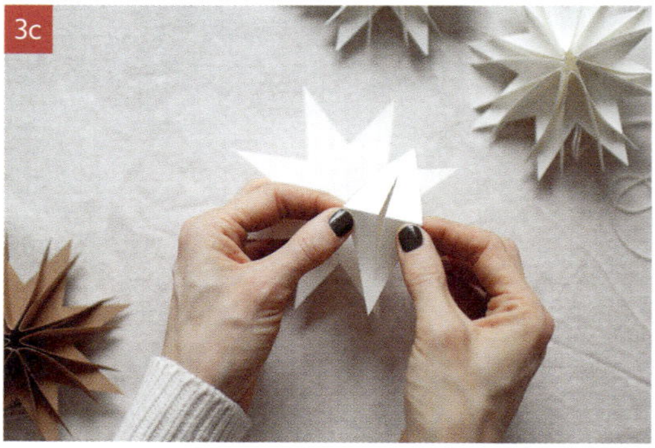

1) Je Stern mit den beiden Vorlagen/Schablonen einen Stern und acht Rauten auf dem Bastelkarton vorzeichnen.

2) Anschließend alles ausschneiden.

3) Die Rauten in der Hälfte mithilfe eines Lineals sauber zusammenlegen. Danach folgt ein Schnitt längs entlang der Mittellinie, oben und unten jedoch 1 cm stehen lassen.

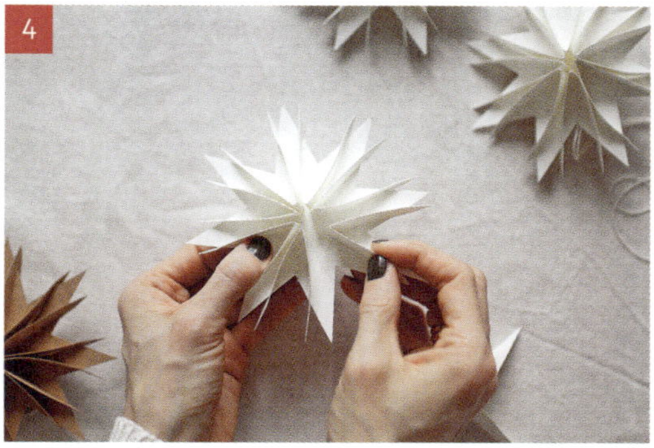

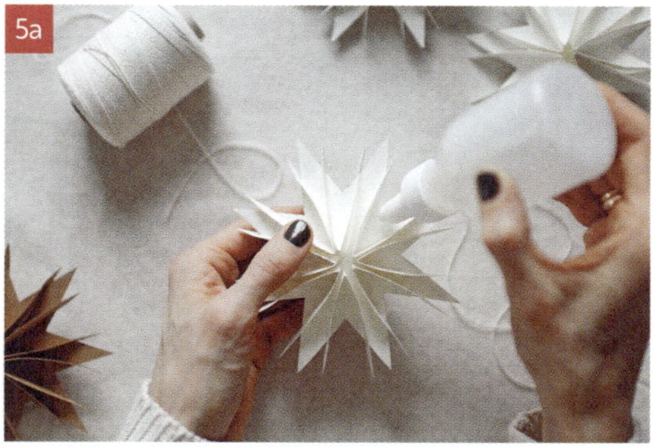

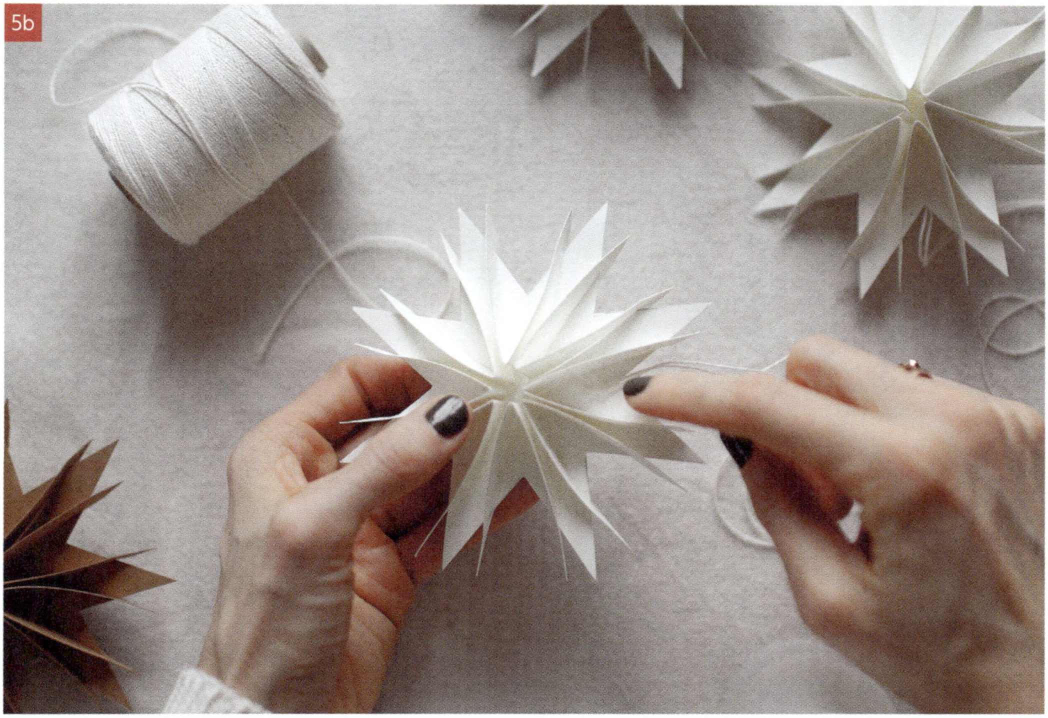

4) Die acht Rauten wie auf den Bildern zu sehen auf den Stern stecken.

5) Zuletzt eine kleine Schlaufe aus dünnem Garn anbringen.

Mit diesen Schmuckstücken lässt sich nun eine Girlande gestalten oder der Weihnachtsbaum dekorieren.

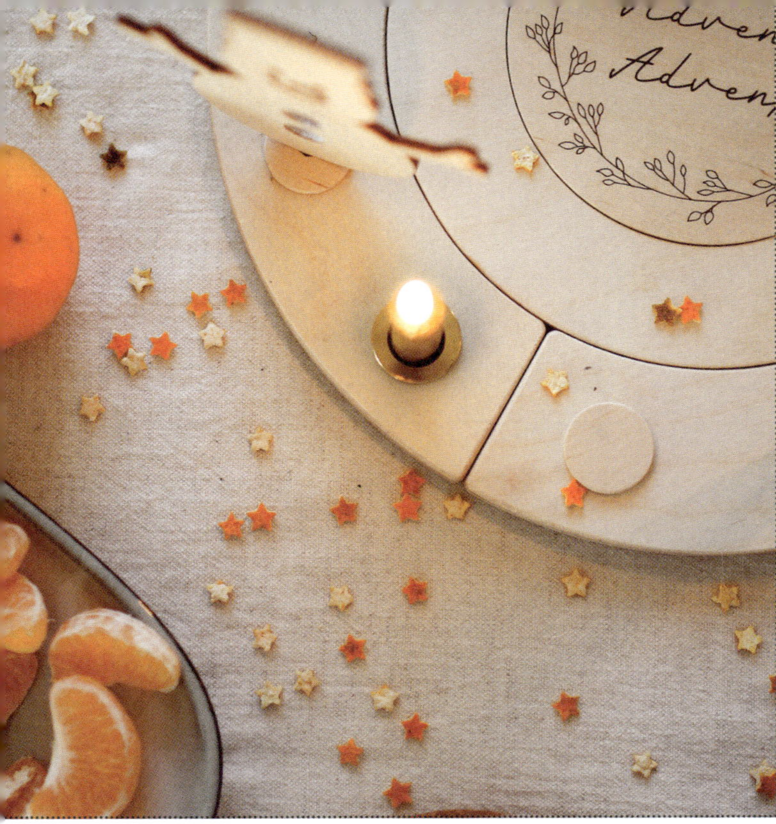

MATERIAL:

- Mandarinen

HILFSMITTEL:

- Motivstanzer deiner Wahl (ich habe hier eine Stern-Stanze mit Durchmesser von 1 cm gewählt)

Mandarinetti – Konfetti aus Mandarinenschalen

Das Auge isst ja bekanntlich mit – deshalb darf eine ansprechende Tischdeko bei festlichen Anlässen nicht fehlen. Wie wäre es mit biologisch abbaubarem Konfetti aus Mandarinenschalen? Da kommen wir ja beinahe an Zero-Waste heran – nachhaltiger und einfacher geht's nicht!

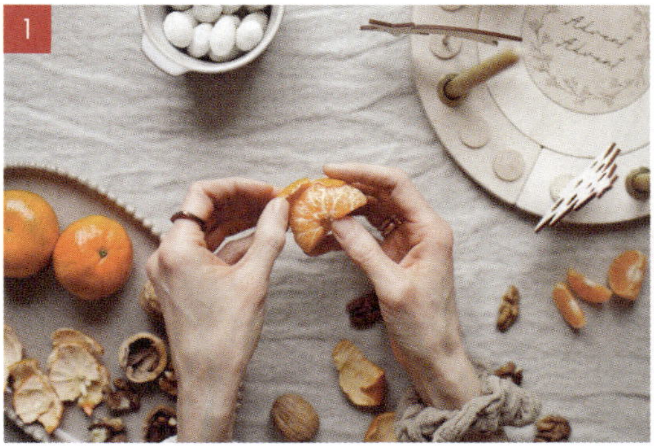

1

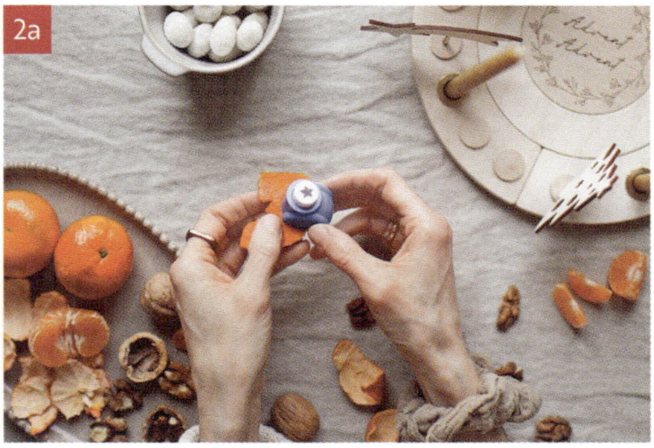

2a

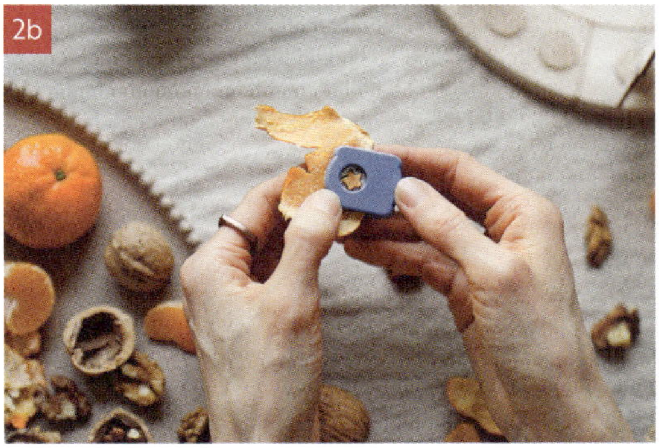

2b

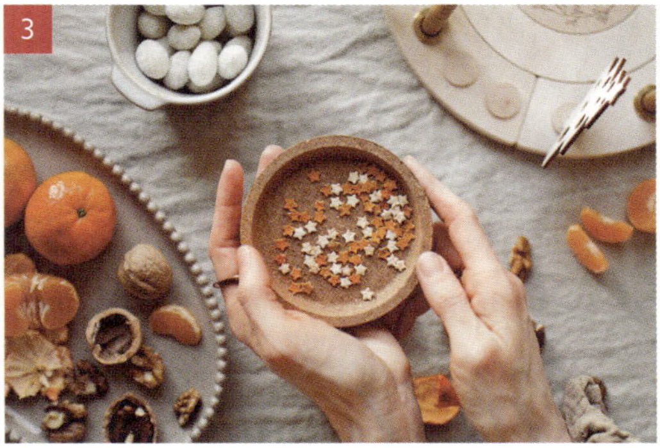

3

1) Zuerst die Mandarinen schälen.

2) Danach die Schale in die Stanze schieben und beliebig viele Sterne oder andere Motive ausstanzen.

3) Das Ganze etwa zwei Tage auf einem Teller oder Backblech liegen lassen. Gelegentlich das Konfetti umdrehen, sodass es von beiden Seiten gut trocknen kann.

Die Mandarinensternchen nach Belieben auf dem Esstisch zwischen Kerzenhaltern oder anderen Deko-Elementen arrangieren.

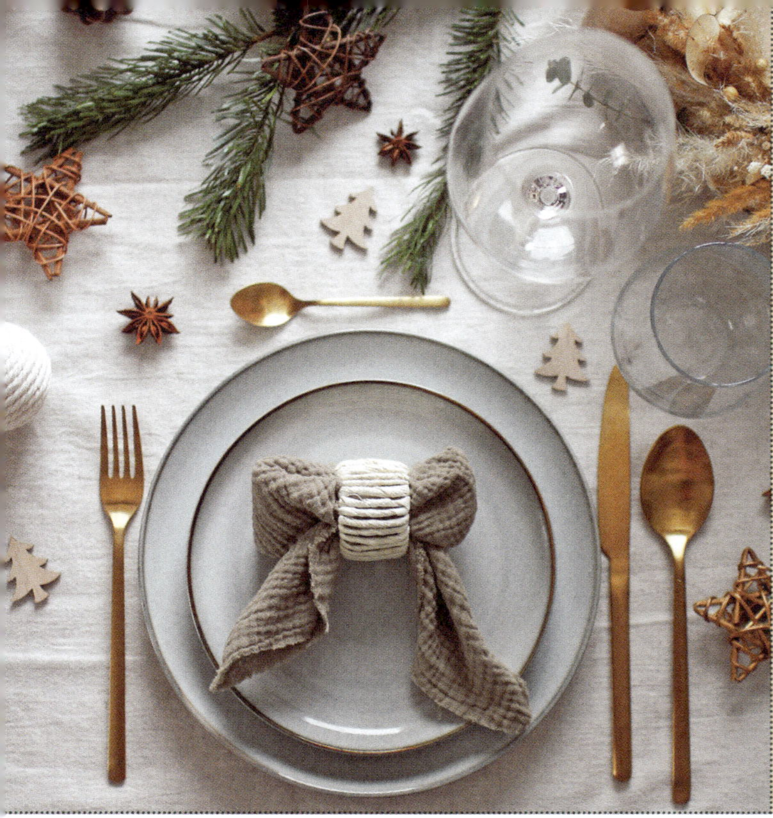

MATERIAL:

- Toilettenpapierrollen
- Maisschnur, ca. 2,5 m pro Serviettenring

HILFSMITTEL:

- Schere
- Heißkleber

Schlichte Serviettenringe im Boho-Stil

Kleine, aber feine Details machen viel aus. Wie könnten wir da bei der Tischdeko auf Serviettenringe verzichten? Sie sind definitiv ein Schmuckstück auf jedem Teller, für welches du garantiert Komplimente einheimsen wirst. Bisher bin ich noch nie nicht danach gefragt worden. Das Beste daran? Sie sind zeitlos, unglaublich schnell gemacht und können natürlich immer wieder verwendet werden. Auf die Ringe, fertig, los!

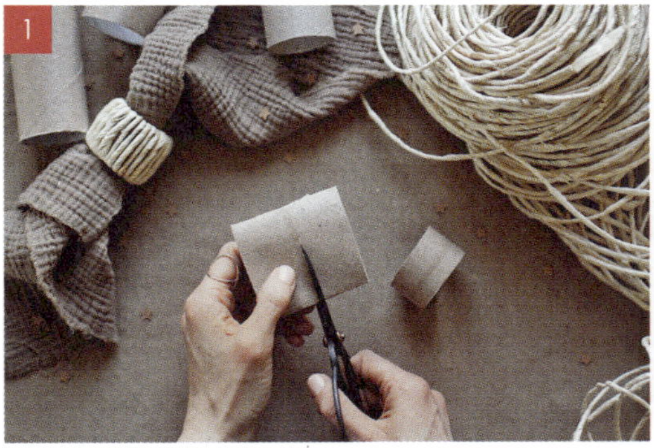

1

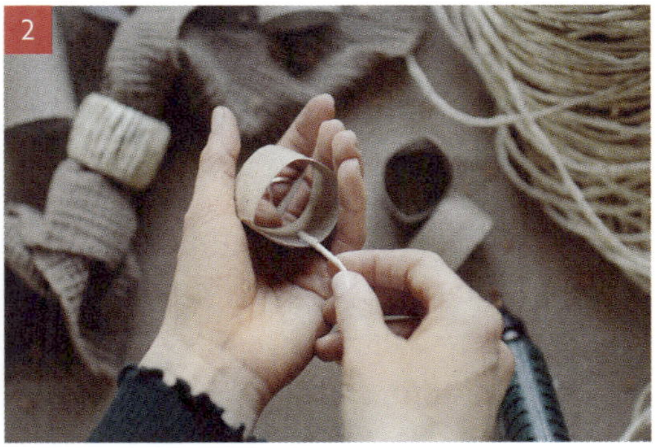

2

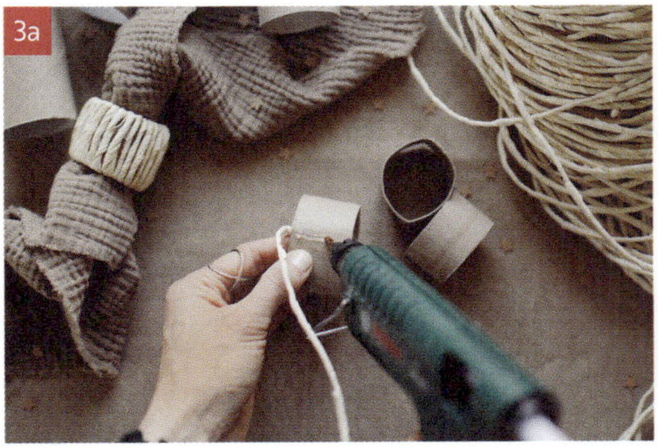

3a

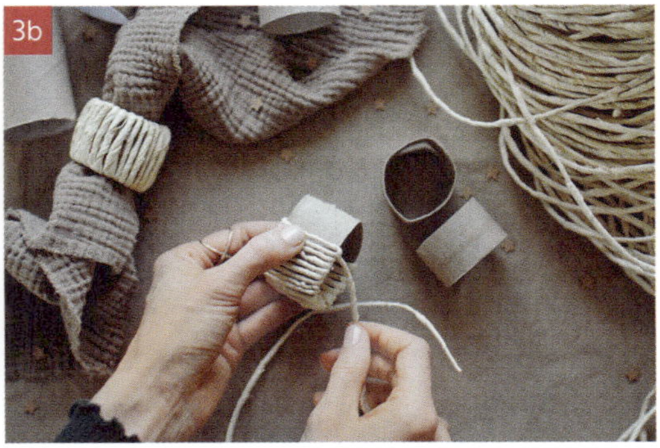

3b

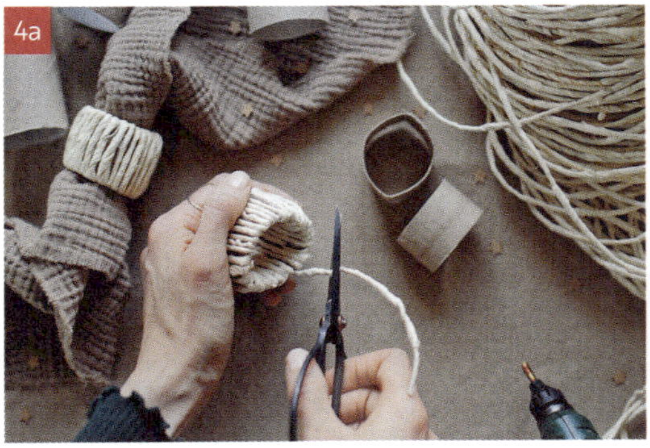

4a

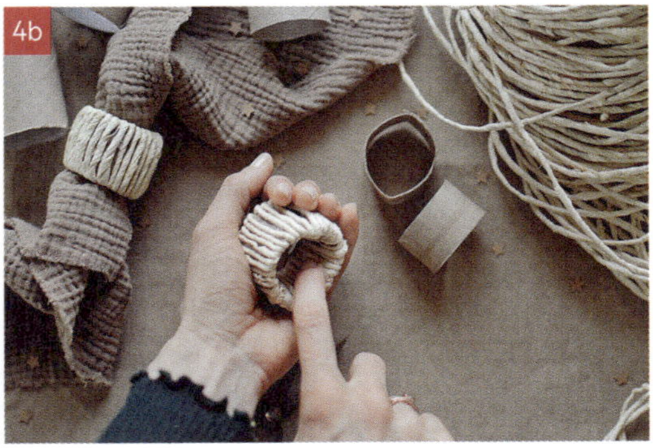

4b

1) Eine Toilettenpapierrolle in ca. 3 cm breite Ringe schneiden. Für die Umwicklung eines Ringes werden ca. 2,5 Meter Maisschnur benötigt, die Schnüre dementsprechend abschneiden.

2) Innen wird ein wenig Heißkleber aufgetragen, um den Anfang der Maisschnur zu fixieren.

3) Nun wird nach und nach die Schnur festgeklebt, bis der komplette Ring ummantelt ist.

4) Die Schnur mit etwas Zugabe abschneiden und das Ende innen mit Kleber befestigen, fertig! Eine hübsche Idee ist es, die Serviette wie eine Schleife im Ring zu drapieren. So hat man direkt einen Hingucker für die Festtafel kreiert.

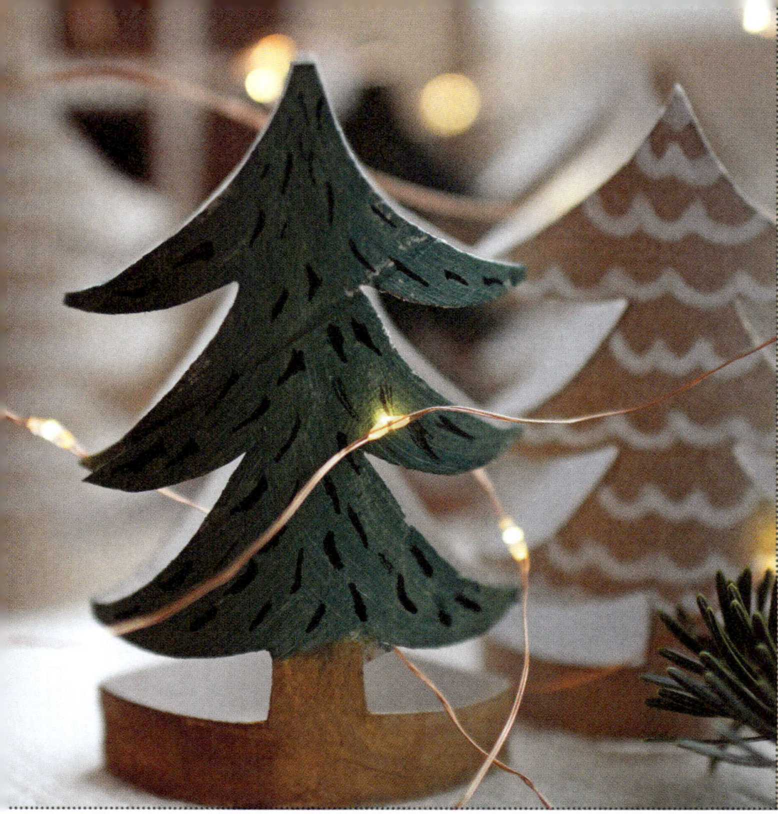

MATERIAL:

- Toilettenpapierrollen
- Lackmarker in Weiß
- Acrylfarbe in Grün, Braun
- Permanentmarker in Schwarz

HILFSMITTEL:

- Stift
- Schere
- Pinsel

Stell-Tannenbäumchen

Oh Tannenbaum, oh Tannenbaum, wie grün sind deine Rollen … äh, Blätter! Diese Bastelei dreht sich um eines meiner liebsten Weihnachtsmotive, den Tannenbaum! Auf dem Fensterbrett aufgestellt in Kombination mit einer Lichterkette und diversen Windlichtern oder einem Lebkuchenhäuschen (aus Karton) entsteht damit eine wundervolle Winterlandschaft, die Zauber verbreitet. Die Bäumchen aus Toilettenpapierrollen kannst du auch prima mit Kindern gestalten – eine gesellige Bastelrunde ist die perfekte Nachmittagsbeschäftigung, wenn es draußen kalt und ungemütlich ist.

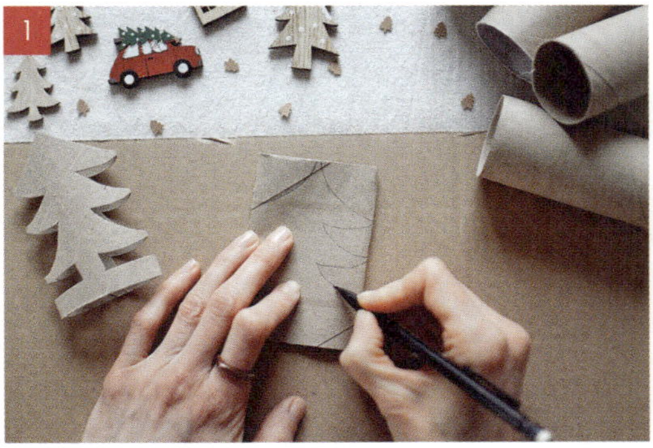

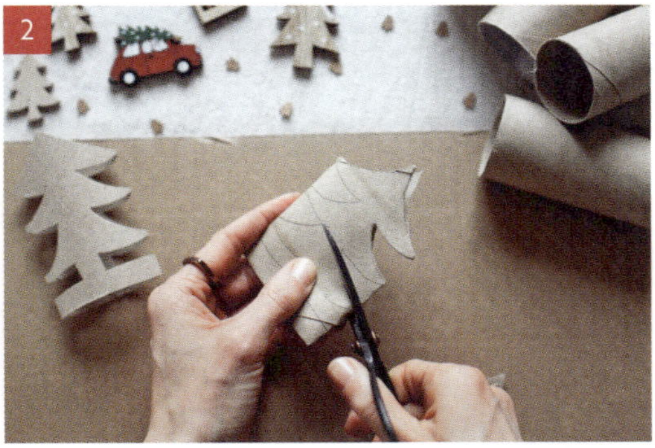

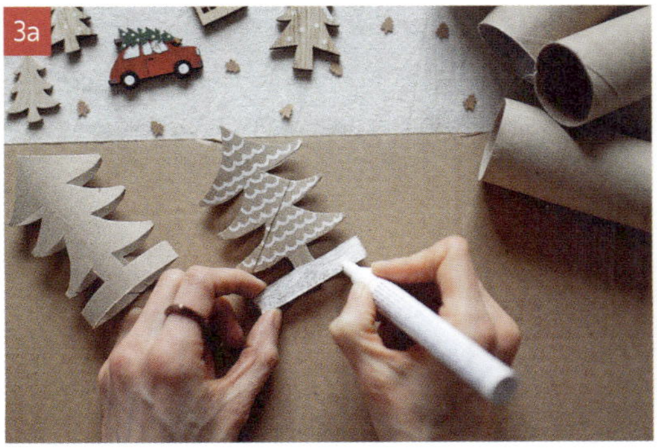

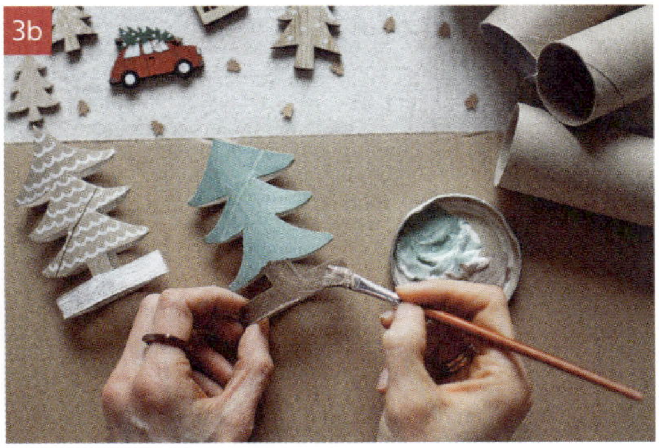

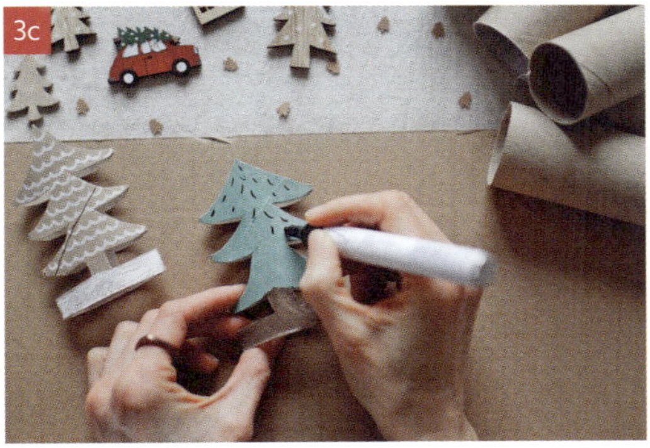

1) Eine Toilettenpapierrolle flach drücken und eine Tannenbaumsilhouette aufzeichnen.

2) Diese ausschneiden, dabei darauf achten, dass unten ein kleiner Steg übrig bleibt, der das Bäumchen sozusagen zusammenhält.

3) Den Baum dann verzieren, der Kreativität sind hier keinerlei Grenzen gesetzt. Egal, ob mit dem Lackmarker, der Acrylfarbe, dem Permanentmarker – verschiedenste Muster und Farben verleihen den Tannenbäumen ein festliches Kostüm!

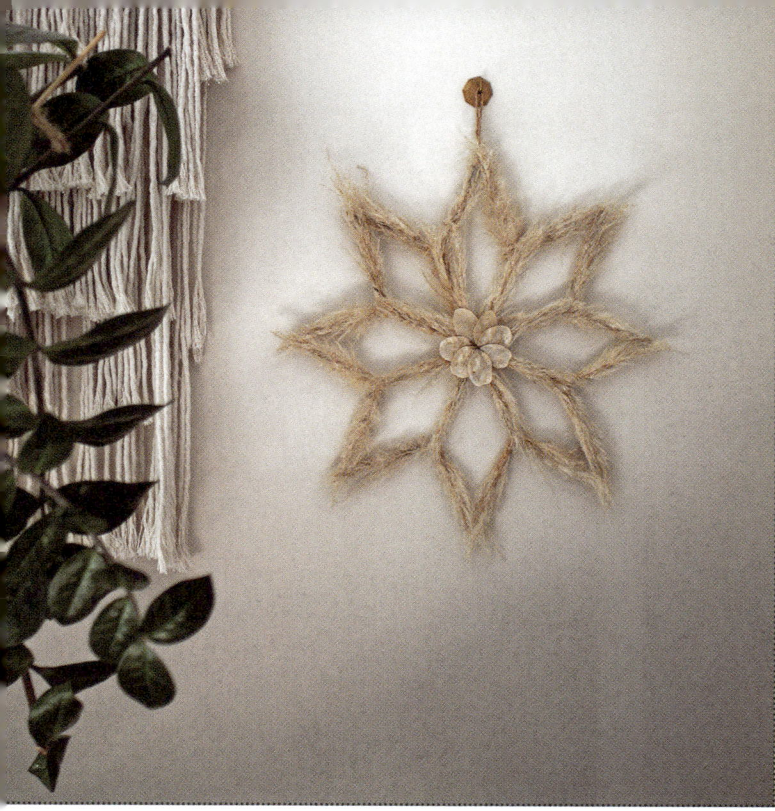

MATERIAL:

- 24 Eisstiele
- Getrocknetes Pampasgras, Silberblatt
- Juteschnur

HILFSMITTEL:

- Heißkleber
- Schere

Stern aus Eisstielen & Pampasgras

Stern über Bethlehem – oder doch lieber Stern an der Wand? Sterne sind für mich in der Vorweihnachtszeit ein absolutes Must-have in allen erdenklichen Varianten.

Dieses wundervolle Upycyling-Projekt aus Eisstielen und Pampasgras verleiht selbst jeder noch so langweiligen Wand oder Ecke ein wenig festliches Flair und bringt einen Teil Natur in unser Zuhause.

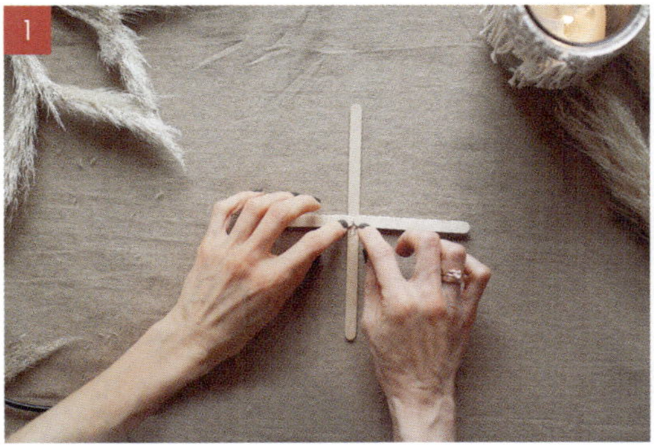

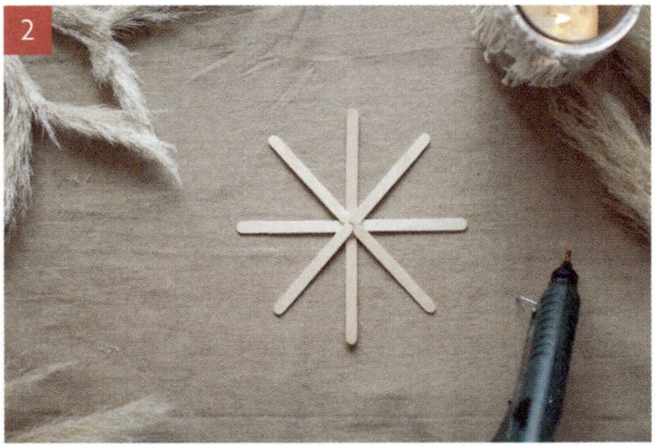

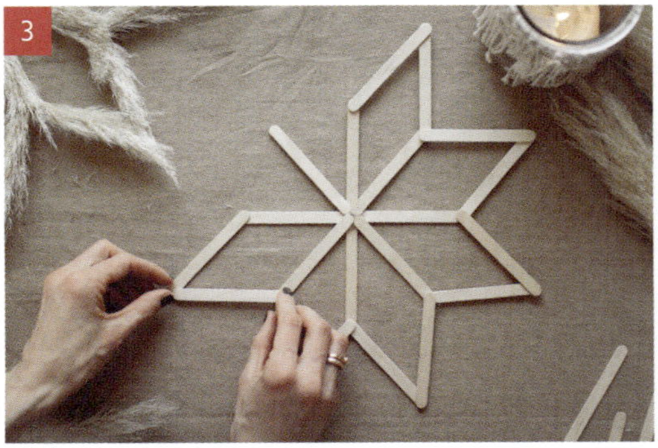

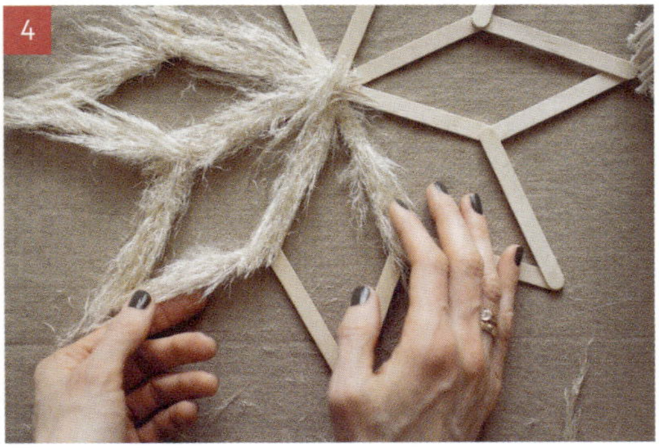

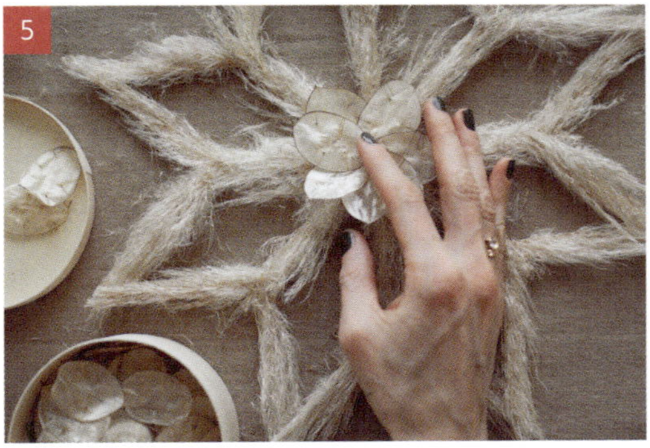

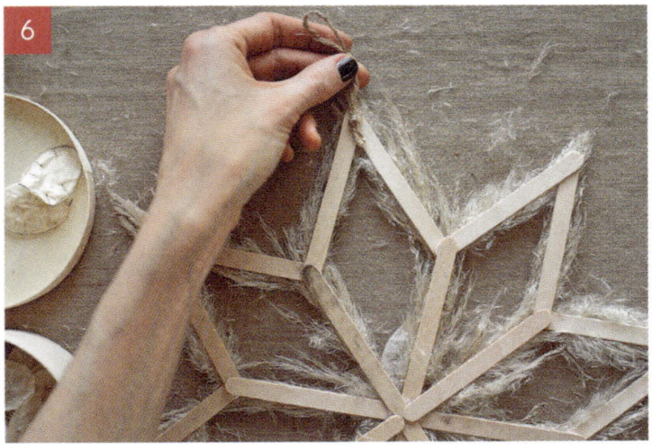

1) Zwei Eisstiele senkrecht übereinander auflegen, mittig Heißkleber auftragen und zwei weitere Stiele waagrecht darauf kleben.

2) Danach folgen je zwei Eisstiele diagonal zu beiden Seiten hin. Diese ebenso mit Kleber fixieren.

3) Anschließend bilden jeweils zwei Eisstiele eine Sternspitze. So wird reihum geklebt, bis der Stern komplett ist.

4) Das Pampasgras in kleine Zweige teilen und von der Mitte beginnend auf dem Sterngerüst anbringen.

5) Zu guter Letzt verleiht getrocknetes Silberblatt diesem DIY das gewisse Etwas. Dafür ca. 7 Blätter im Zentrum des Sterns aufkleben.

6) Eine kleine Schlaufe aus Juteschnur auf der Rückseite anbringen und schon ist die neue Wanddekoration fertig!

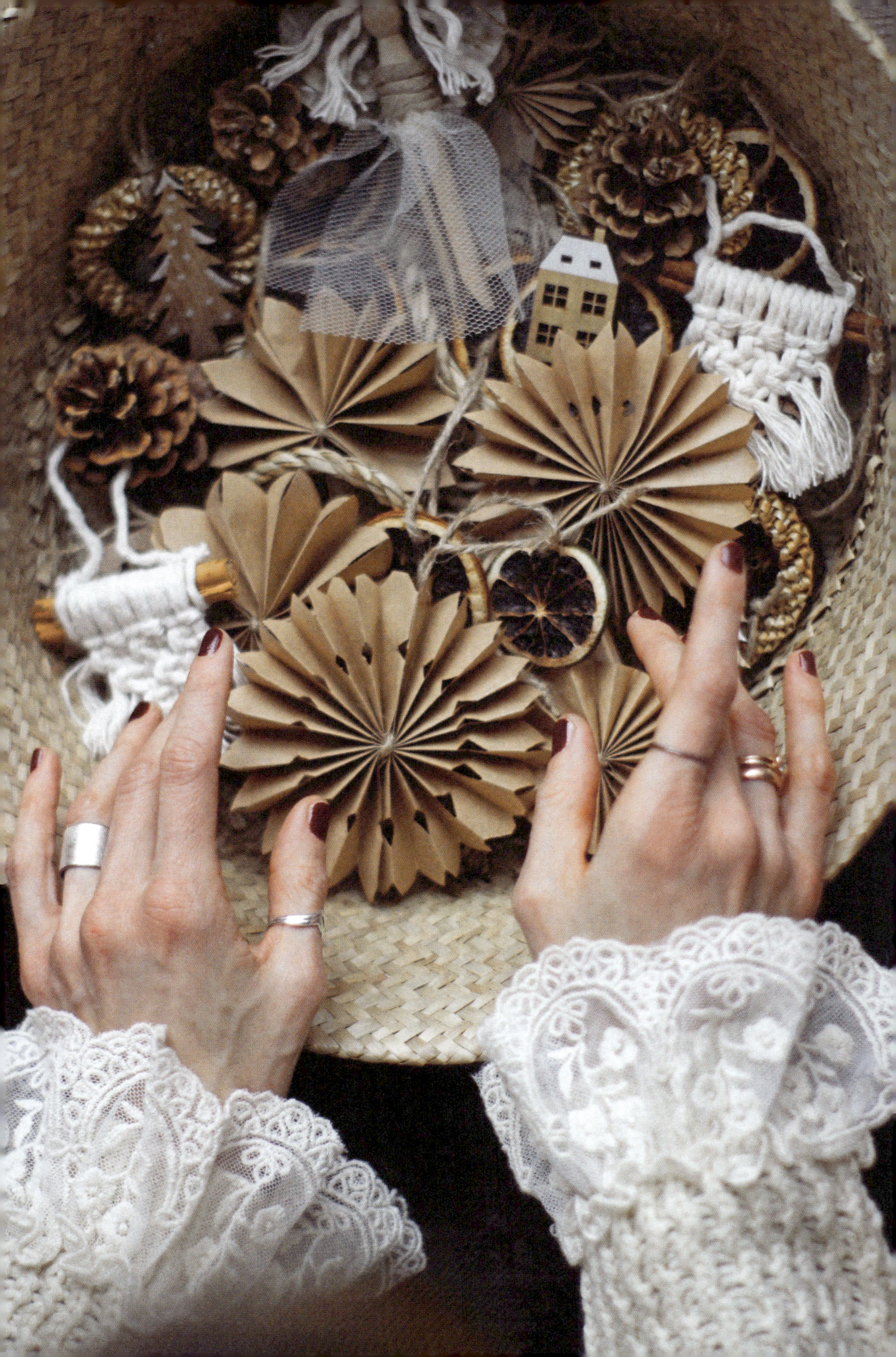

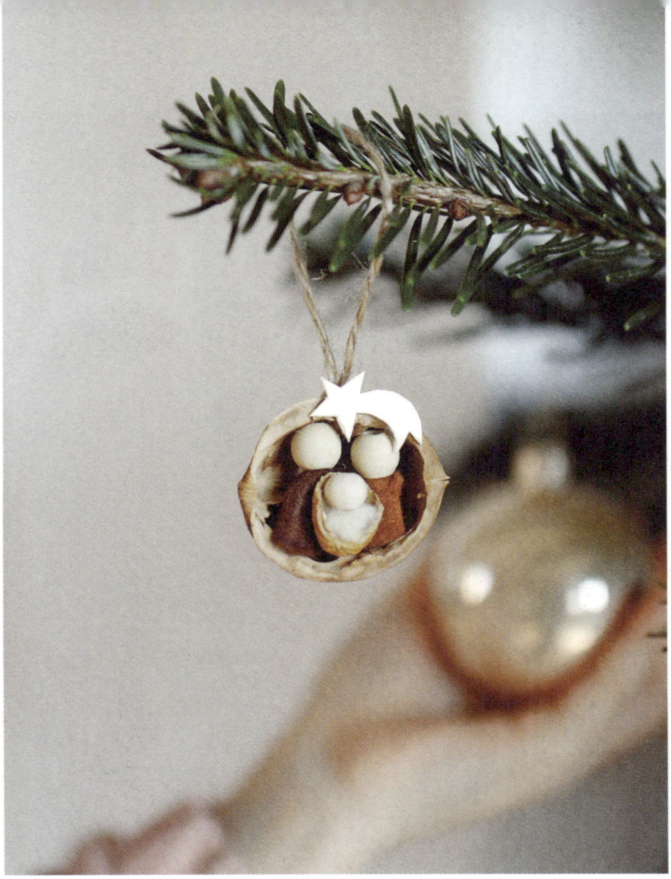

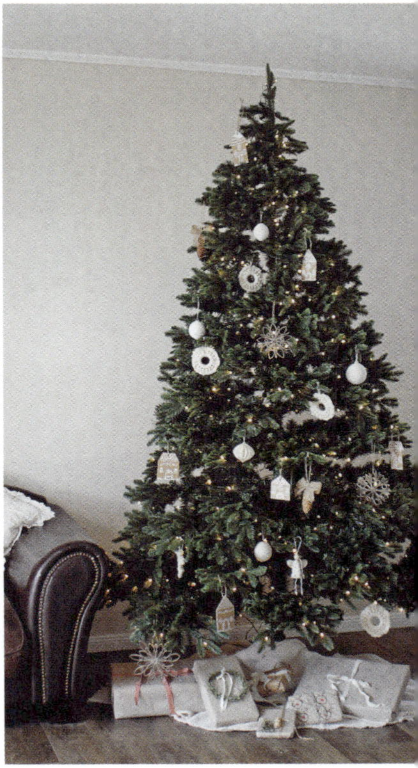

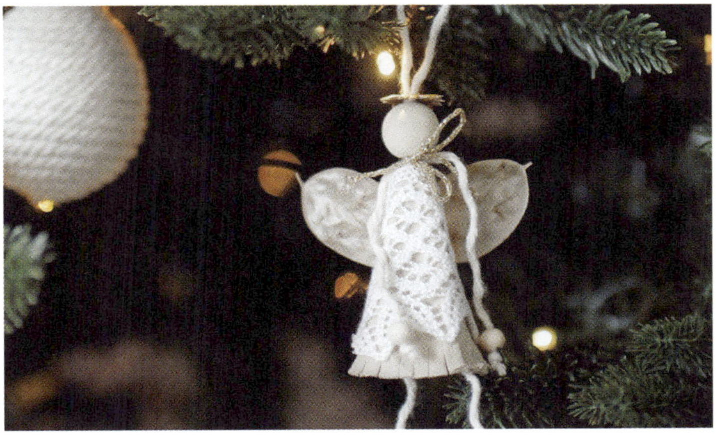

Baumschmuck

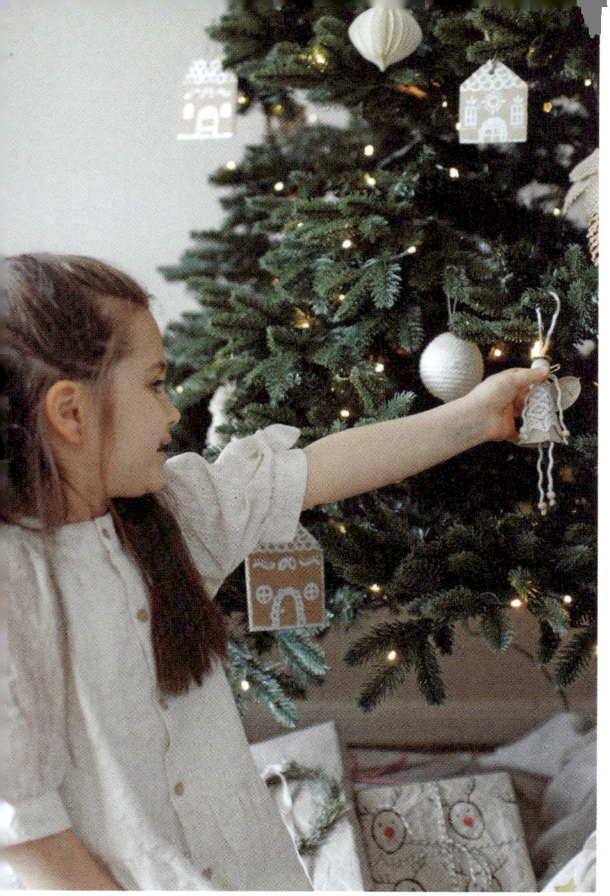

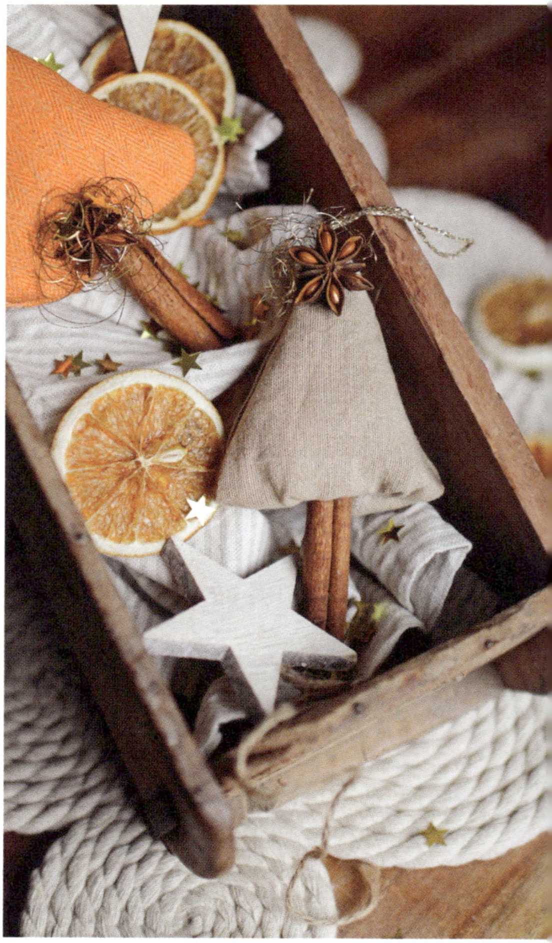

ÜBER DIE WAHL DES PERFEKTEN WEIHNACHTS-BAUMS

Weihnachtsbäume gehören zu den zentralen Elementen der festlichen Dekoration. Deshalb möchte ich, bevor wir uns um den Baumschmuck kümmern, kurz auf die Gegenüberstellung »künstlicher Weihnachtsbaum« vs. »natürlicher Nadelbaum« eingehen. Traditionell wurden echte Nadelbäume verwendet, aber in den letzten Jahren haben sich auch künstliche Weihnachtsbäume immer größerer Beliebtheit erfreut. Es gibt dabei kein Richtig oder Falsch. Wie bei vielen anderen Themen oder Situationen bin ich auch in diesem Fall der Meinung, dass es die perfekte Wahl nicht gibt. Für jeden von uns, beziehungsweise für jede Familie, sieht die optimale Lösung oder Entscheidung anders aus. Es liegt an dir, die Vor- und Nachteile von künstlichen Weihnachtsbäumen abzuwägen und die richtige Wahl für dein Zuhause zu treffen. Deshalb habe ich dir im Folgenden die wichtigsten Punkte dazu zusammengetragen. Denke dahingehend über deine Prioritäten in Bezug auf Nachhaltigkeit, Ästhetik und Bequemlichkeit nach, um eine fundierte Entscheidung zu treffen, die zu deinem individuellen Lebensstil passt.

Vorteile von künstlichen Weihnachtsbäumen

NACHHALTIGKEIT: Künstliche Weihnachtsbäume können über viele Jahre hinweg wiederverwendet werden, was zu einer Reduzierung der Abholzung von echten Bäumen führt. Indem du dich für einen künstlichen Baum entscheidest, trägst du also zum Schutz der Wälder bei.

KOSTENERSPARNIS: Obwohl der Kaufpreis für einen künstlichen Weihnachtsbaum meist höher ist als der einer echten Tanne, amortisiert sich die Investition über die Jahre hinweg. Du musst nicht jedes Jahr einen neuen Baum kaufen, was langfristig Kosten spart.

KEINE NADELN UND ALLERGENE: Künstliche Weihnachtsbäume verlieren keine Nadeln, was bedeutet, dass du weniger Zeit mit dem Aufräumen von heruntergefallenen Nadeln verbringen musst. Darüber hinaus sind sie eine tolle Option für Menschen mit Allergien gegen Baumharz oder Pollen.

EINFACHE HANDHABUNG: In der Regel sind künstliche Bäume leichter und daher einfacher aufzustellen als echte. Du musst dir keine Gedanken über das Beschneiden, Bewässern oder den Transport machen. Und so schnell und unkompliziert ein künstlicher Baum aufgebaut wird, kann er anschließend auch wieder verstaut werden.

Nachteile von künstlichen Weihnachtsbäumen

UMWELTAUSWIRKUNGEN DER HERSTELLUNG: Künstliche Weihnachtsbäume werden aus Kunststoffen wie PVC hergestellt, die aus nicht erneuerbaren Rohstoffen gewonnen werden. Die Produktion von Kunststoffen und der damit verbundene Energieverbrauch haben eine negative Umweltauswirkung.

ENTSORGUNGSPROBLEME: Früher oder später erreicht ein künstlicher Weihnachtsbaum das Ende seiner Lebensdauer. Die Entsorgung kann problematisch sein, da die meisten Kunststoffbäume nicht recycelbar sind. Sie tragen somit zur wachsenden Menge an nicht abbaubarem Müll bei.

FEHLENDE NATÜRLICHE ÄSTHETIK: Ein künstlicher Weihnachtsbaum kann selbstverständlich nicht den Duft, die Textur und die natürliche Schönheit eines echten Baumes nachahmen. Wenn du den Charme und die Authentizität eines lebenden Baumes schätzt, könnte ein künstlicher Baum enttäuschend wirken.

Begrenzte Variationen: Obwohl es eine große Auswahl an künstlichen Bäumen gibt, sind die Variationen in Bezug auf Größe, Form und Art begrenzt. Im Gegensatz dazu bieten echte Bäume eine Vielzahl von Arten und individuellen Eigenschaften, die den persönlichen Vorlieben und dem Raumstil gerecht werden können.

LANGLEBIGER BAUMSCHMUCK

Was wäre Weihnachten ohne einen reichlich geschmückten Christbaum? Sowohl die Leuchten als auch die Dekoration sollen das Licht und die Freude der Weihnachtszeit widerspiegeln und die Dunkelheit des Winters vertreiben. So ist das Schmücken des Baums bis heute bei vielen ein gemeinschaftliches Erlebnis, bei dem Freunde und Familie zusammenkommen, nicht nur, um ihn zu dekorieren, sondern auch um die Feiertage zu zelebrieren.

Umso schöner ist es, wenn kleine, handgemachte individuelle Kunstwerke dabei zum Einsatz kommen, die garantiert für große Augen sorgen werden und den Baum dabei in voller Pracht erstrahlen lassen. Anstatt dabei auf Massenproduktion und umweltschädliche Materialien zurückzugreifen, können wir unseren eigenen nachhaltigen Christbaumschmuck herstellen. Er ermöglicht uns, unserer Kreativität freien Lauf zu lassen und gleichzeitig umweltbewusst zu handeln. Erfreue dich an den selbst gebastelten Schätzen, die von nun an Jahr für Jahr deinen Baum in ein zauberhaftes Kleid hüllen werden! In diesem Kapitel wirst du viele verschiedene Ideen und Anleitungen dafür entdecken, hier einige Basics dazu:

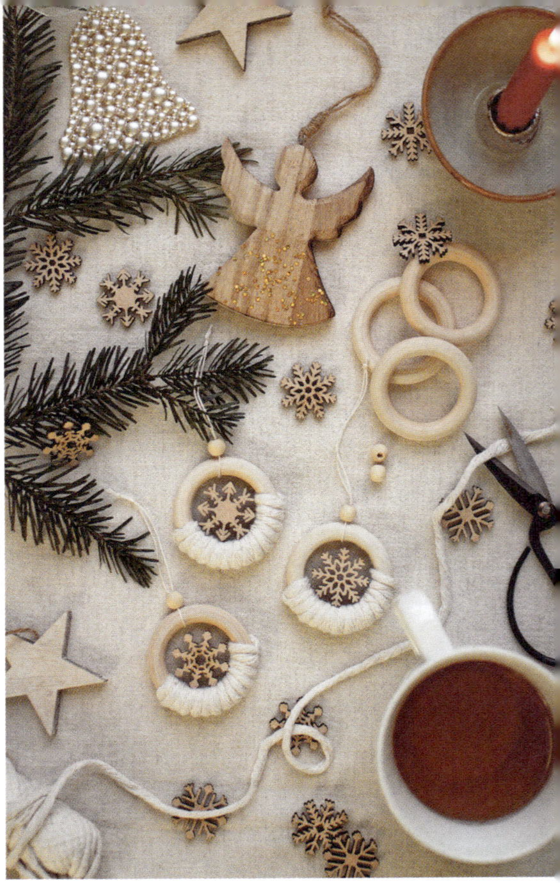

- Zapfen, Zweige, getrocknete Blumen, Blätter, Holzscheiben und andere Naturmaterialien bieten vielfältige Möglichkeiten. Ihre Verwendung verleiht deinem Baum eine rustikale Note – und ist überdies nachhaltig.

- Das Upcycling von vorhandenen Materialien ist eine weitere großartige Idee, um nachhaltigen Christbaumschmuck zu schaffen. Mit ein wenig Fantasie können wir daraus einzigartige Dekostücke kreieren und gleichzeitig Abfall reduzieren. Suche in deinem Zuhause nach geeigneten Gegenständen, die sich umgestalten lassen: Aus altem Schmuck, Knöpfen oder Perlen können beispielsweise hübsche Anhänger entstehen.

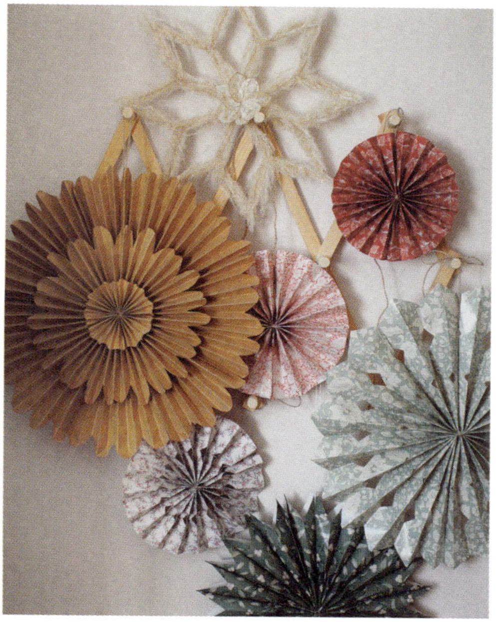

✶ Eine besonders individuelle Weihnachtsdeko, die gleichzeitig nachhaltig ist: eine Sammlung von Familien- und Erinnerungsstücken verbasteln und an den Baum hängen. Sie verleihen ihm nicht nur eine persönliche Note, sondern rufen auch Erinnerungen und Emotionen hervor, jedes Jahr aufs Neue.

✶ Auch Salzteig und Modelliermasse sind kostengünstige und umweltfreundliche Materialien für Baumschmuck. Salzteig zum Beispiel lässt sich aus einfachen Zutaten wie Mehl, Salz und Wasser herstellen. Aus dem Teig kann man dann verschiedene Formen wie Sterne, Herzen oder Tiere ausstechen. Diese werden gebacken und anschließend bemalt oder mit einem klaren Lack versehen. Modelliermasse bietet ähnliche Möglichkeiten und kann geformt, geprägt und bemalt werden.

✶ Reste von Papier und Pappe sind ebenfalls eine nachhaltige Option für selbst gemachten Christbaumschmuck. Bunte Papierstreifen lassen sich etwa zu hübschen Origami-Sternen falten. Und aus alten Kartons oder Zeitschriften kann man dreidimensionale Sterne oder geometrische Formen gestalten.

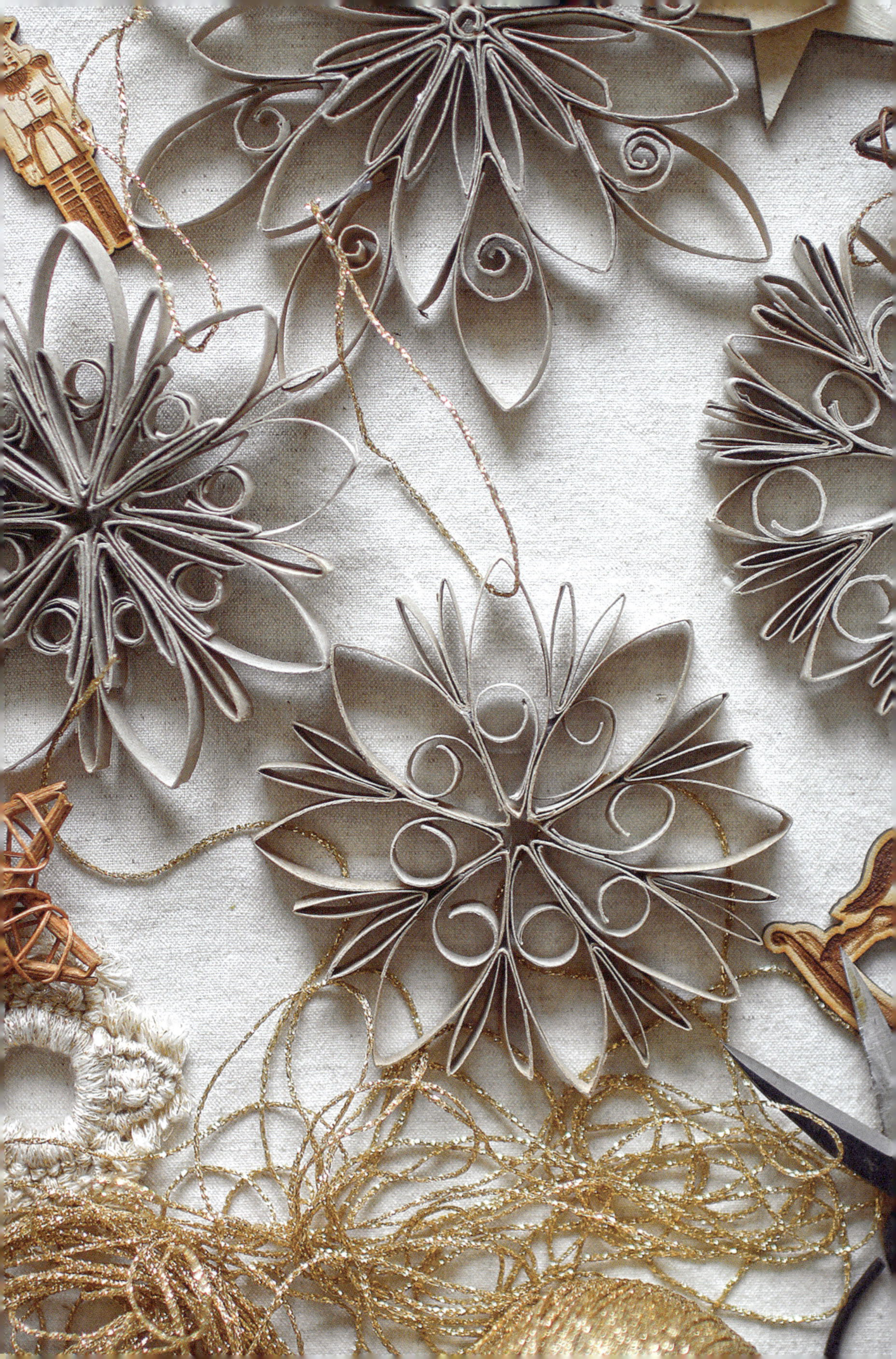

Toilettenpapierrollen-Sterne

VARIANTE 1

MATERIAL:

- Toilettenpapierrollen
- Lamégarn in Gold

HILFSMITTEL:

- Schere
- Heißkleber
- Bleistift

Im Advent bin ich jedes Mal richtig im Sterne-Fieber! Sie können aus den unterschiedlichsten Materialien hergestellt werden, und doch habe ich so meine Favoriten, wenn es schnell, günstig und umweltfreundlich sein soll. Mittlerweile gehören die guten, alten Toilettenpapierrollen zu den absoluten Must-haves im Bastelmaterial-Fundus. Die hat man schließlich immer zu Hause!

Die erste Variante, die ich dir zeigen möchte, sind die Sterne mit schnörkeligen Details. Das hat für mich immer etwas Romantisches und Verspieltes an sich. Die Möglichkeiten der Zusammensetzung sind hier endlos. Gerne kannst du auf diese Art auch größere Dekorationen gestalten, die sich zum Beispiel toll an weihnachtlich dekorierten Fenstern machen.

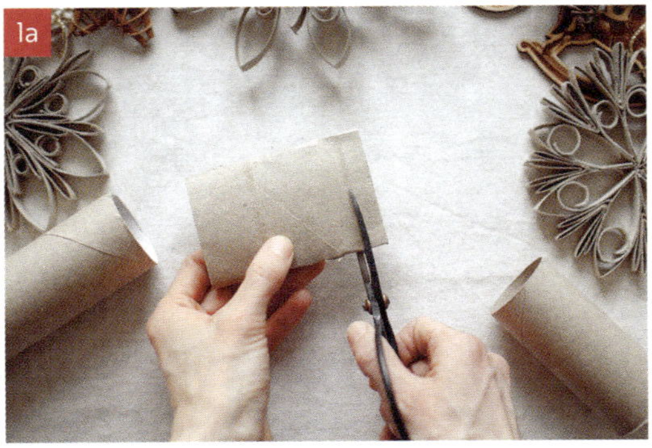

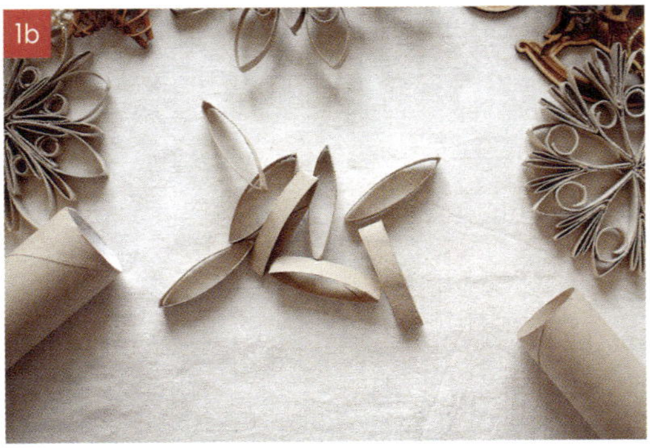

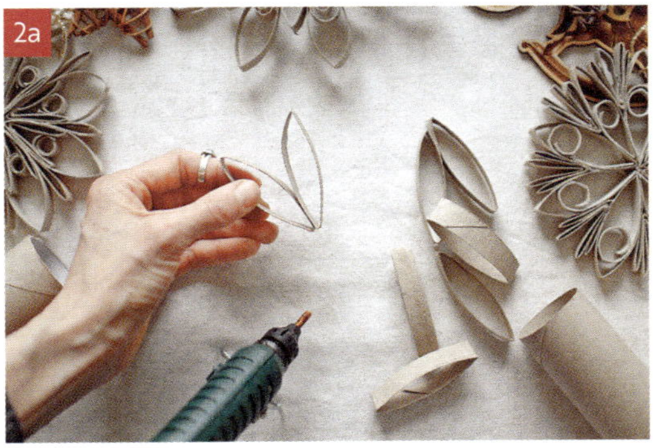

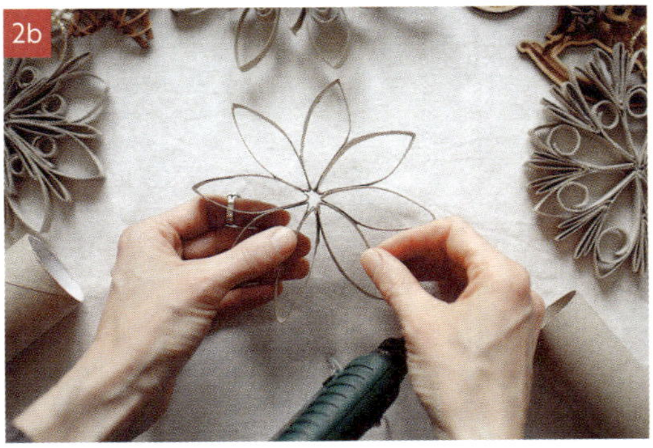

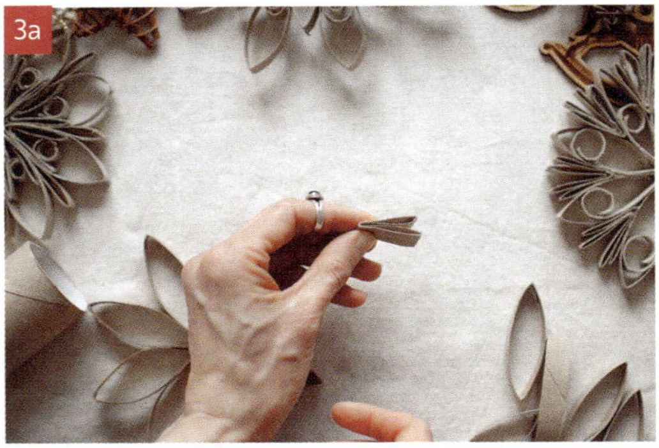

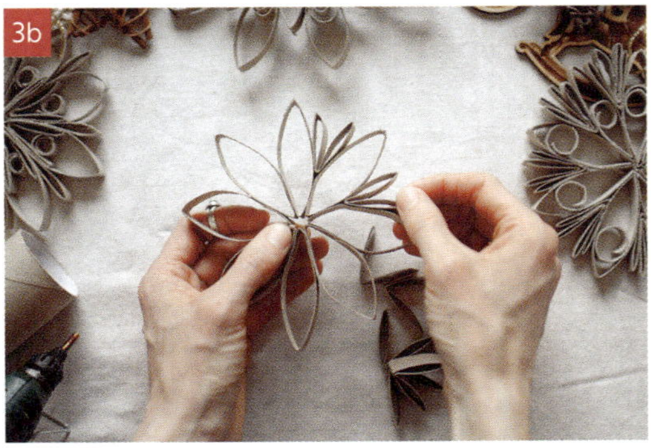

1) Toilettenpapierrollen flach drücken und in ca. 1 cm breite Streifen bzw. Ringe schneiden.

2) Pro Stern werden für die Basis 8 Streifen bzw. Ringe benötigt. Diese werden wie auf dem Bild mit Heißkleber zusammengeklebt.

3) Weitere acht Toilettenpapierrollen-Ringe jeweils in der Hälfte/Mitte knicken. Die so entstandenen Doppelspitzen jeweils in die »Spalten« des Basissterns kleben.

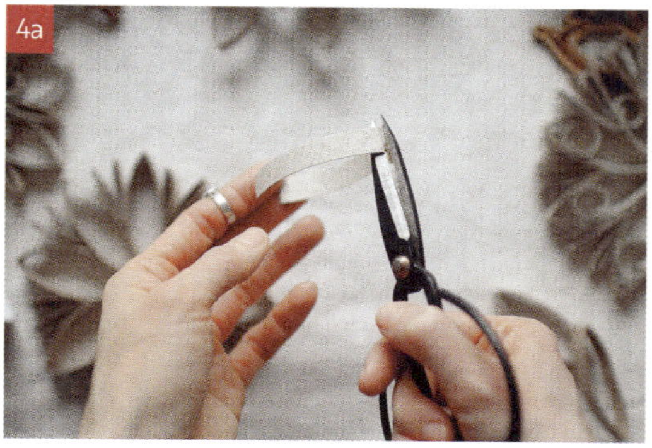

4a

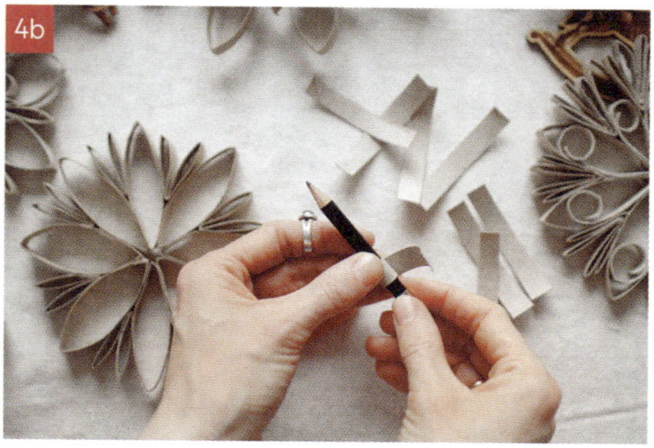

4b

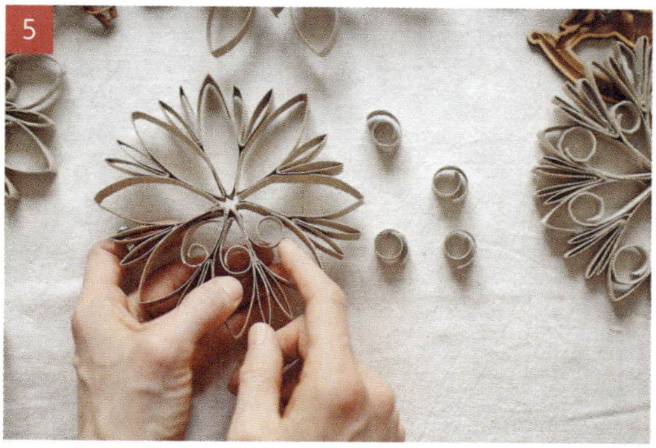

5

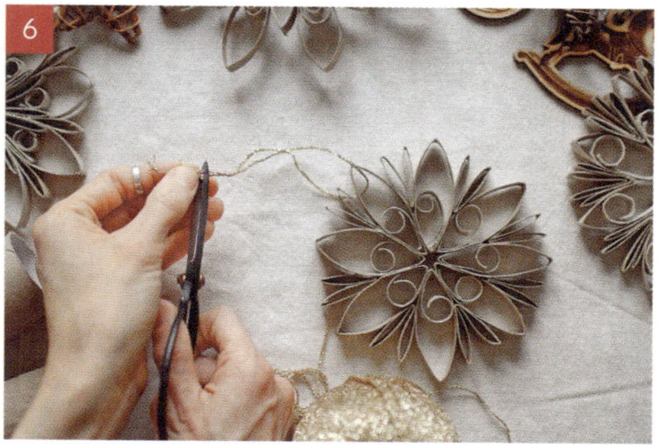

6

4) Vier zusätzliche flach gedrückte Ringe an beiden Seiten durchschneiden und danach mithilfe eines Bleistifts einrollen.

5) Diese Röllchen von der Mitte beginnend im Stern festkleben.

6) Der Stern ist beinahe komplett – jetzt fehlt bloß noch goldfarbenes Lamégarn, mit dem er dann aufgehängt werden kann.

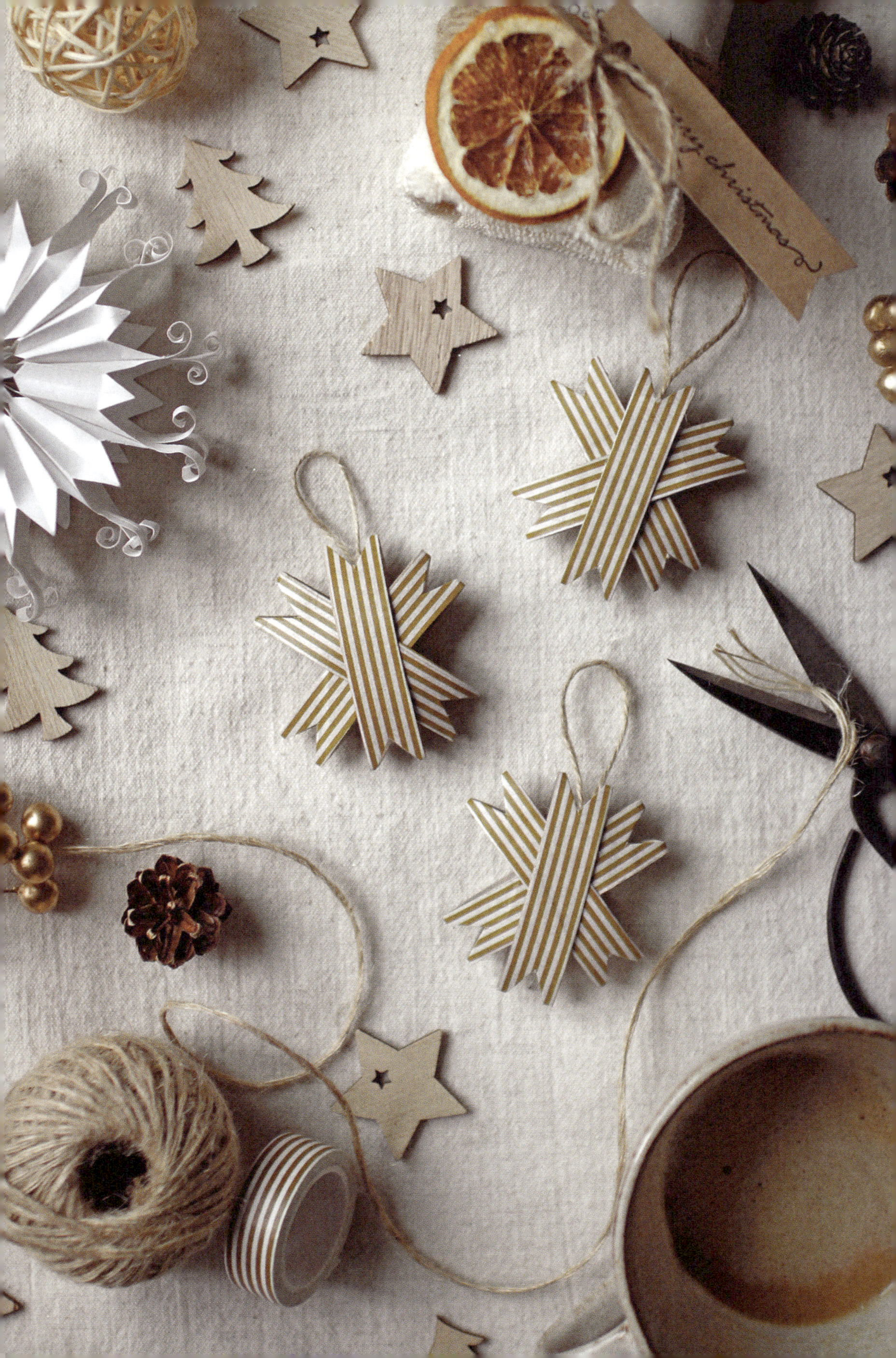

Toilettenpapierrollen-Sterne

VARIANTE 2

MATERIAL:

- Toilettenpapierrollen
- Washi-Tape
- Juteschnur

HILFSMITTEL:

- Schere
- Alleskleber

Diese Version ist mir besonders ans Herz gewachsen, da sie auch mit Kindern prima umsetzbar ist und meine Töchter viel Freude daran haben, diese Sterne selbst zu basteln.

Als Baumschmuck, aber auch als Geschenkanhänger machen die Sternchen eine gute Figur und sind im Nu mit Washi-Tape in Farbe oder Muster gekleidet. Schnell fertig, schlicht und schön lauten die Prädikate dieser Variante.

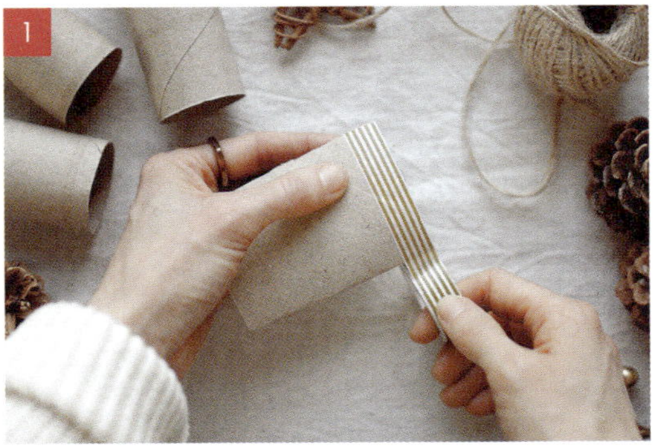

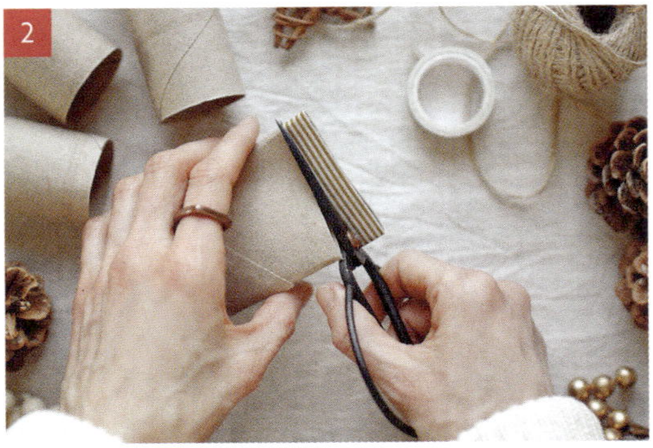

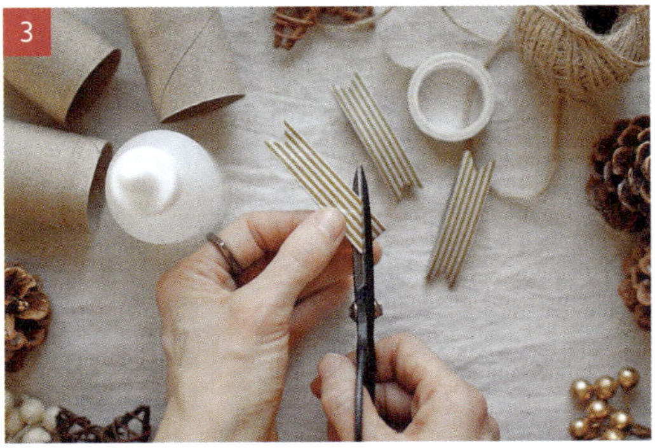

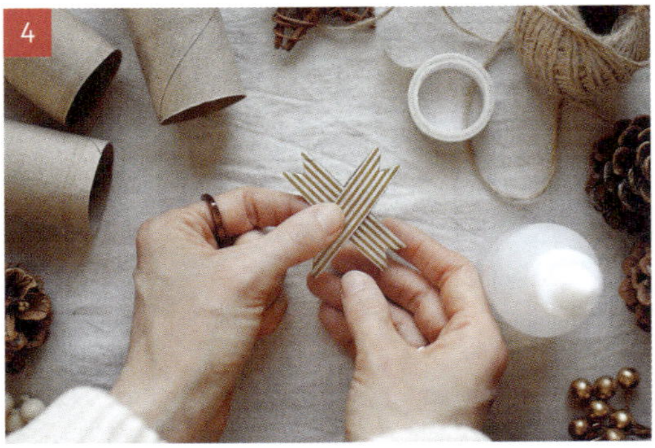

1) Die Toilettenpapierrolle flach drücken und einen Streifen Washi-Tape daraufkleben.

2) Danach den beklebten Streifen abschneiden. Pro Stern werden drei Teile benötigt, das heißt, zwei weitere Teile auf diese Weise herstellen.

3) Die Streifen an beiden Seiten wie auf dem Bild einschneiden.

4) Zwei dieser Teile überkreuzt zusammenkleben, der dritte Teil wird mittig darüber angebracht.

5) Mit Juteschnur eine kleine Schlaufe vorbereiten und anschließend an einer Sternspitze innen mit Alleskleber befestigen. Et voilà, fertig ist das erste Sternchen! Nach Lust und Laune so weitere basteln.

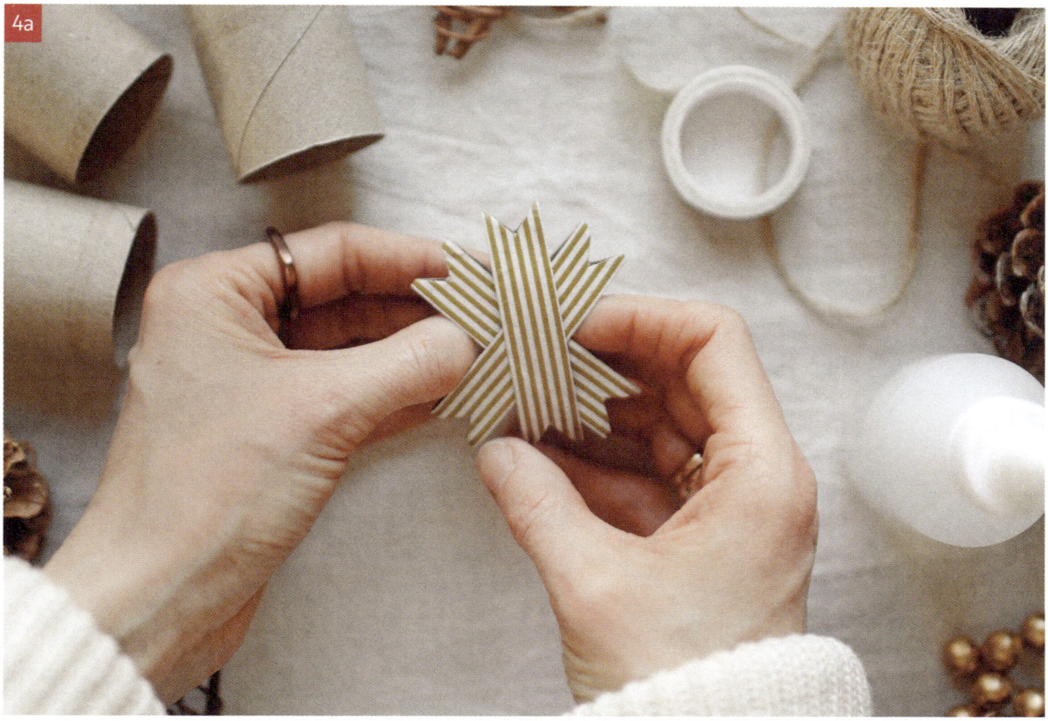

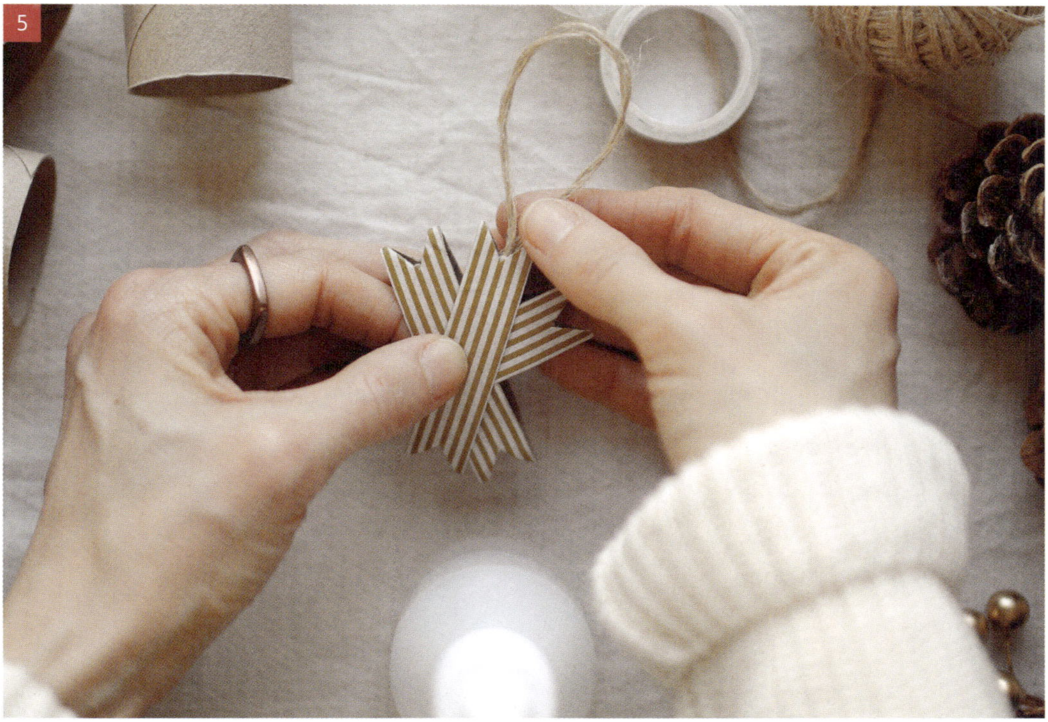

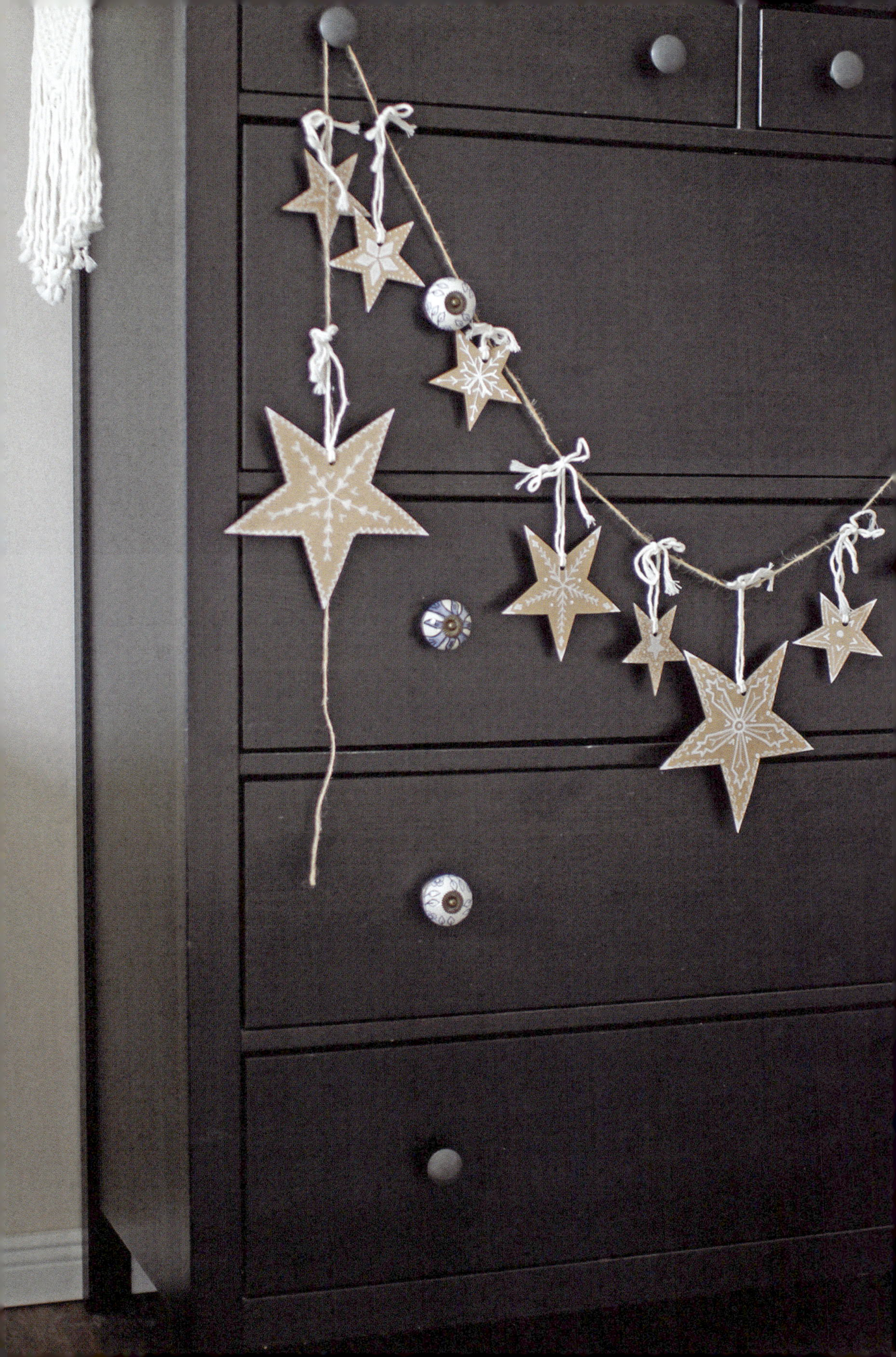

Sternengirlande

MATERIAL:

- Kraftpapier, Stärke 300 g
- Lackmarker in Weiß
- Garn(reste) deiner Wahl (ich habe hier Makrameegarn-Reste verwertet)
- Schnur

HILFSMITTEL:

- Vorlagen/Schablonen Stern
- Bleistift
- Schere
- Locher

Girlanden sind einfach zu jedem Anlass eine tolle Möglichkeit, um für eine festliche und fröhliche Atmosphäre zu sorgen. Zur Weihnachtszeit bilden Sterne in einer Girlande eine wunderbare Komposition, die die Vorfreude auf das schönste Fest des Jahres steigen lässt. Gemeinsam ergeben sie ein schönes Zusammenspiel und machen sich nicht nur am Weihnachtsbaum gut – wir hängen unsere Girlande zum Beispiel auch gern auf der Kommode im Wohnzimmer auf und erfreuen uns den gesamten Advent daran.

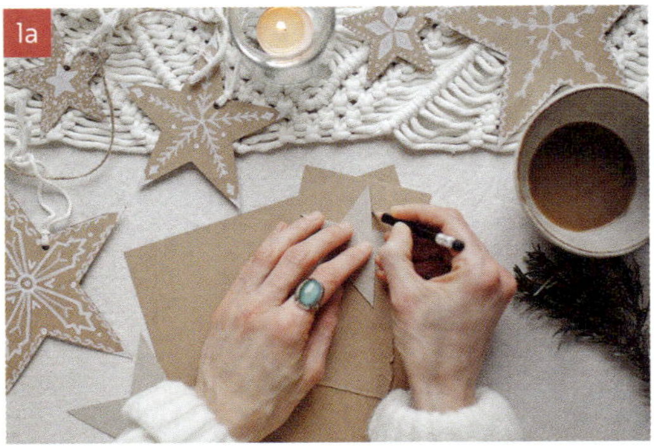

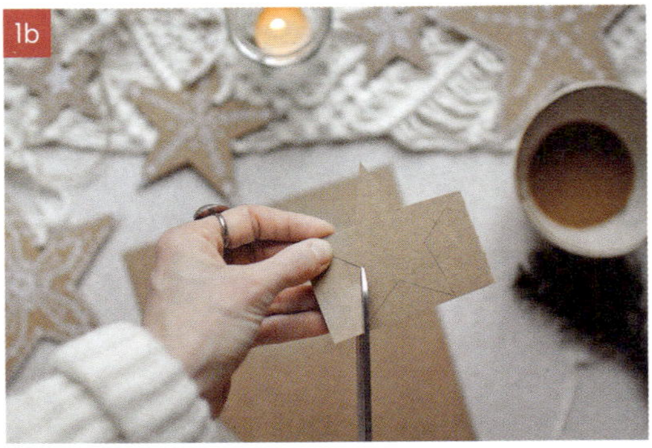

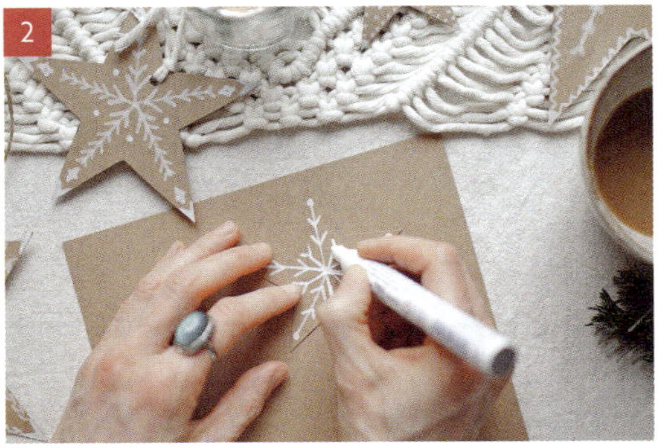

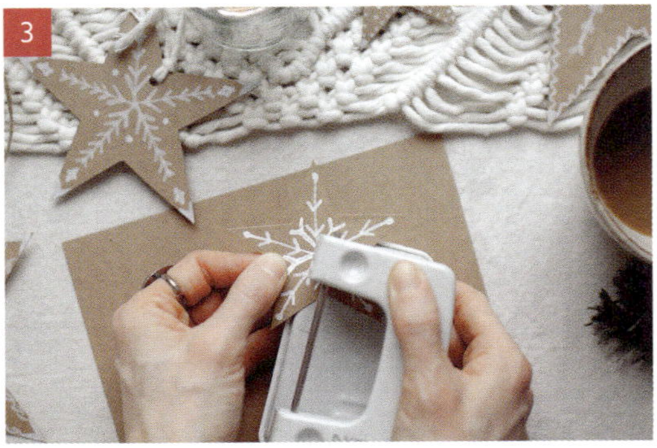

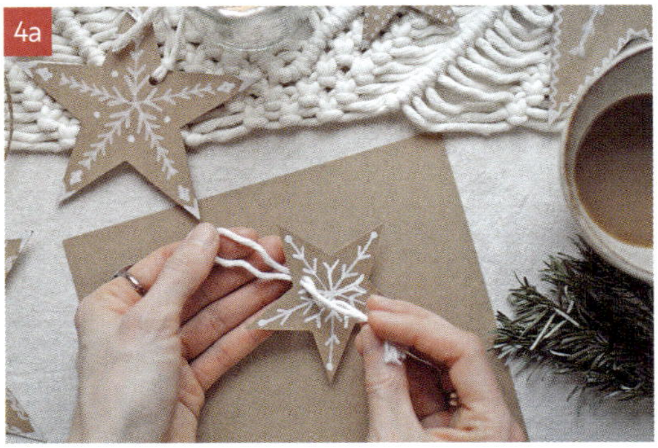

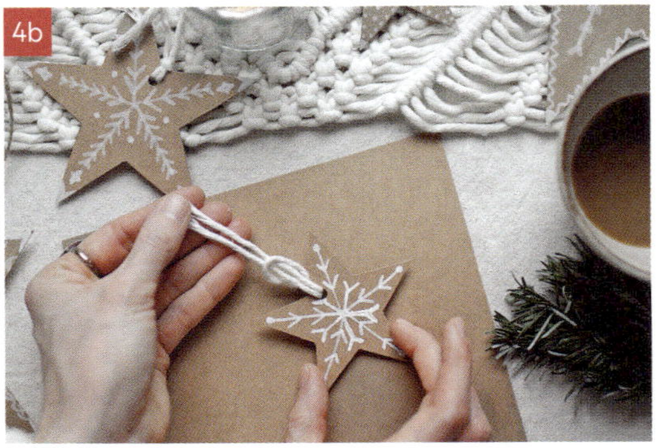

1) Mithilfe der Vorlagen/Schablonen beliebig viele Sterne, je nachdem wie lang die Girlande werden soll, auf Kraftpapier vorzeichnen und ausschneiden.

2) Danach mit dem weißen Lackmarker weihnachtliche Verzierungen aufmalen. Der Kreativität sind hier keine Grenzen gesetzt. Der eine mag es filigran und verspielt, der andere eher schlicht – das darf jeder selbst entscheiden.

3) Anschließend bekommt jeder Stern ein kleines Loch gestanzt.

4) Garn(reste) jeweils etwa 25 cm lang abschneiden. Die Fäden jeweils in der Hälfte zusammenlegen und wie auf dem Bild durch das Loch fädeln.

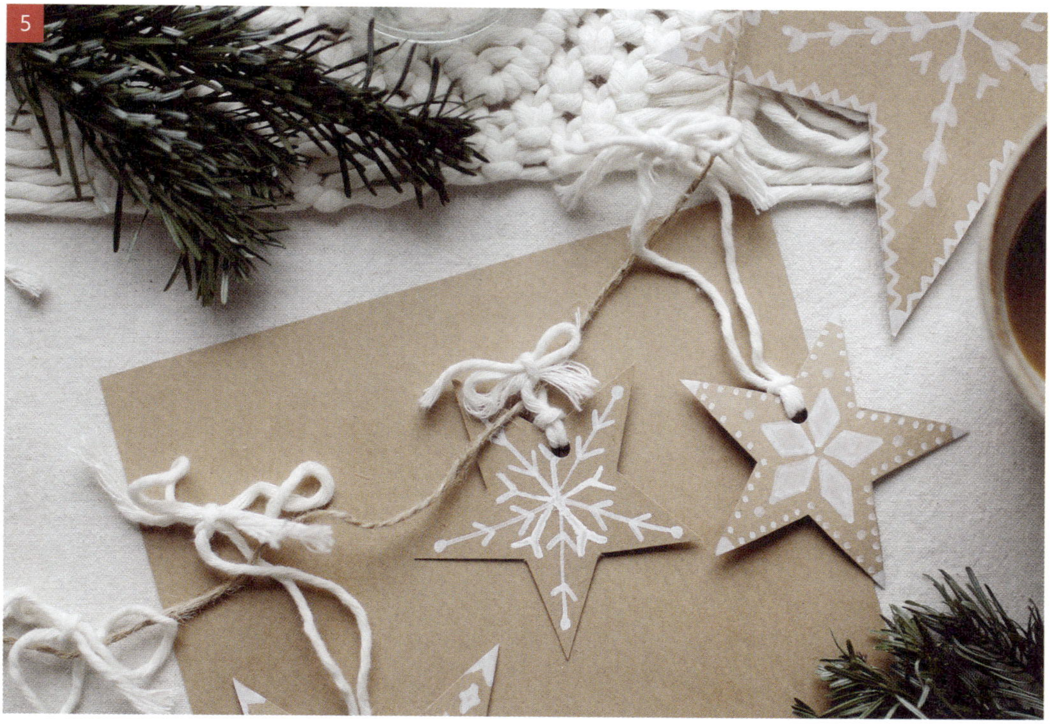

5) Indem das Garn durch eine kleine Schlaufe gezogen wird, entsteht ein sogenannter Anker-Knoten.

Zuletzt die Sterne ganz nach den eigenen Vorstellungen auf einer Schnur anbringen.

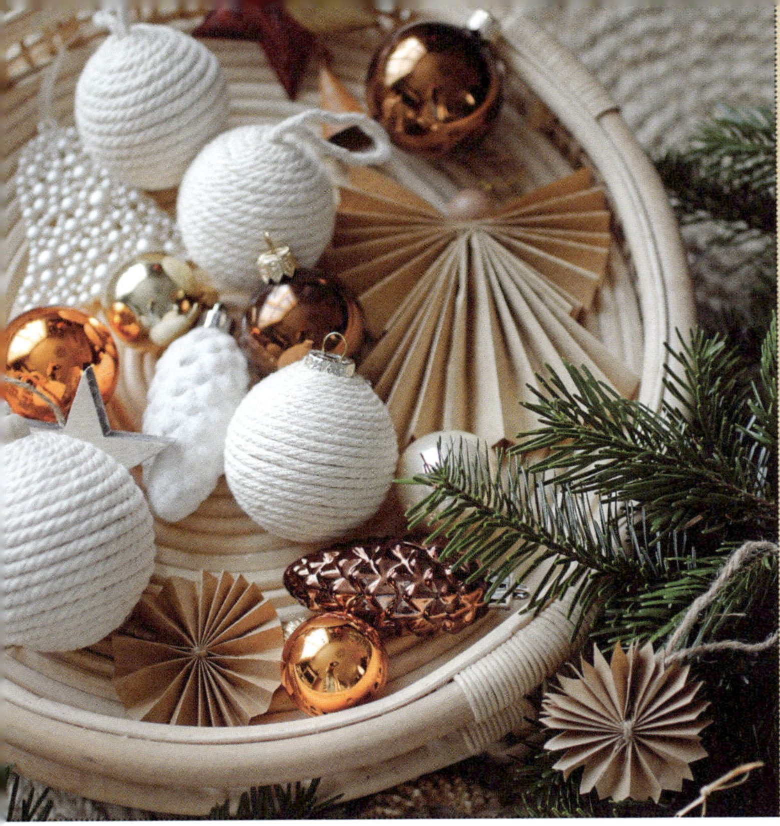

MATERIAL:

- Alte Weihnachtskugeln
- Makrameegarn (ich habe hier die Stärke 5 mm gewählt)

HILFSMITTEL:

- Heißkleber
- Schere

Makramee-Kugeln

Kennst du das? Im Keller stapeln sich die Kisten mit Weihnachtskugeln in Farben, die nicht mehr so ganz ins Konzept passen oder deinem Stil entsprechen? Bloß nicht wegwerfen – daraus lässt sich noch allerhand Neues zaubern! So zum Beispiel dieser Hingucker von einem Baumschmuck, der aus alten Kugeln und etwas Makrameegarn besteht. Wie du das schnell und einfach hinbekommst, zeige ich dir hier.

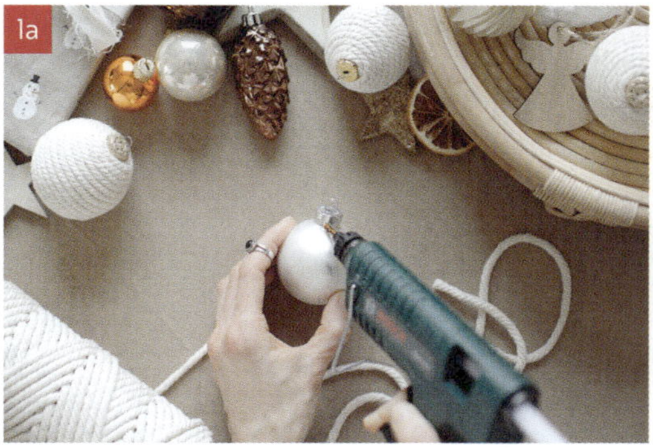

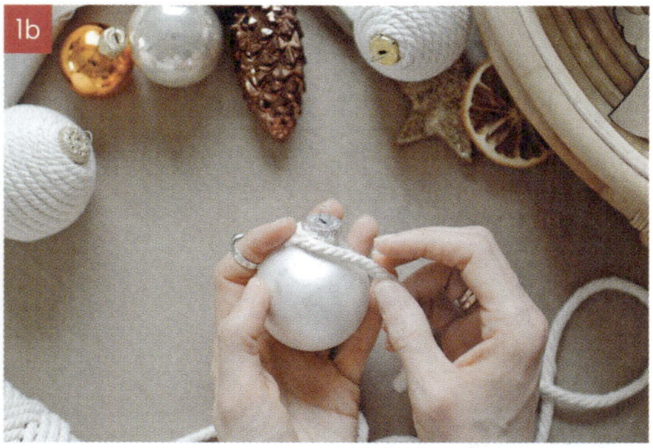

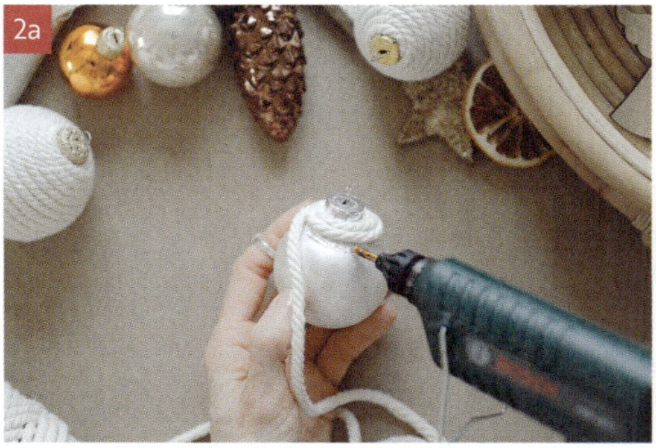

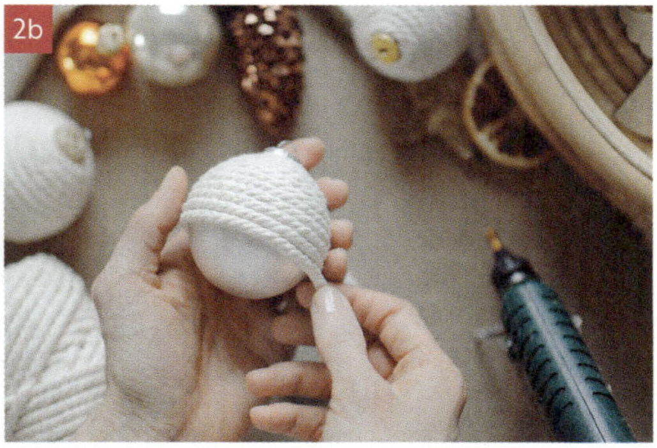

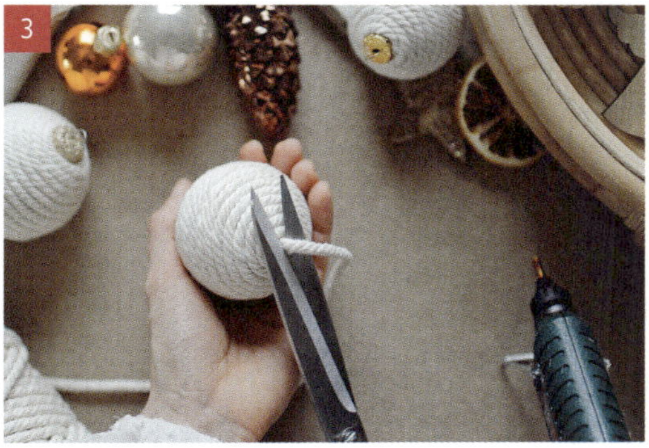

3) Sobald die Kugel vollständig ummantelt ist, das Garn abschneiden und das Ende festkleben. Mehr ist es nicht – das ging jetzt flott, oder?

1) Direkt unter der Krone der Kugel ein wenig Heißkleber auftragen und dort den Beginn des Garns fixieren.

2) Auf diese Weise wird wie auf dem Bild nach und nach, Runde für Runde vorsichtig Kleber angebracht und die Kugel mit dem Garn ummantelt.

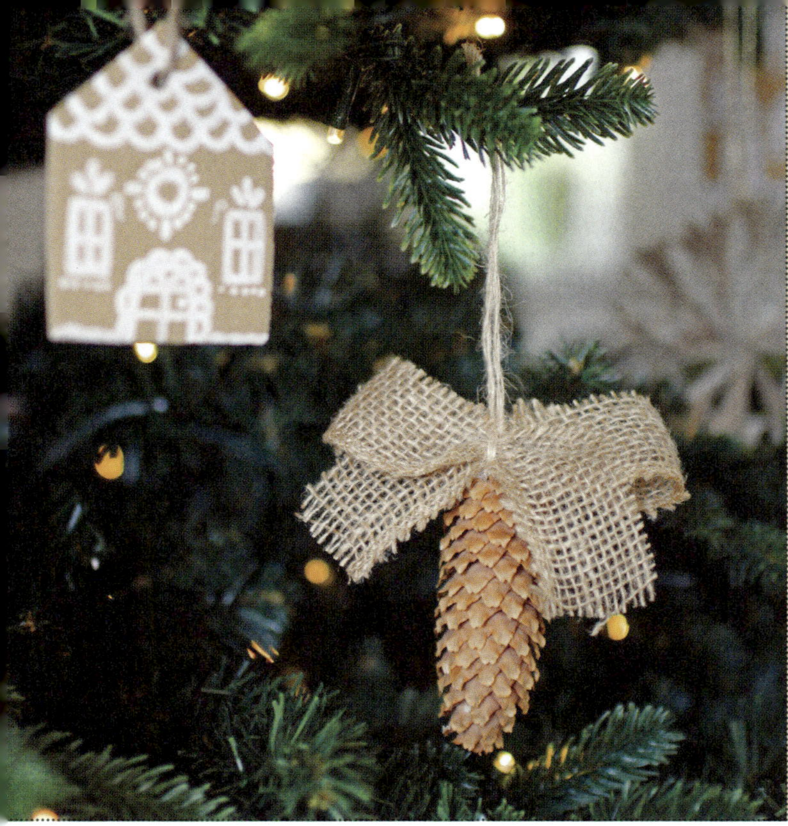

MATERIAL:

- Juteband, 4 cm breit
- Juteschnur
- Zapfen deiner Wahl

HILFSMATERIAL:

- Schere
- Heißkleber

Fichtenzapfen mit Juteschleife

Die Natur selbst schenkt uns die schönste Dekoration, und das in allen Jahreszeiten. Für den Weihnachtsbaum bieten sich Fichtenzapfen oder die anderer Nadelbäume an, um daraus diverse Handarbeiten, wie in unserem Fall Baumschmuck, zu gestalten. Hier habe ich eine wundervolle, schlichte Variante für dich vorbereitet.

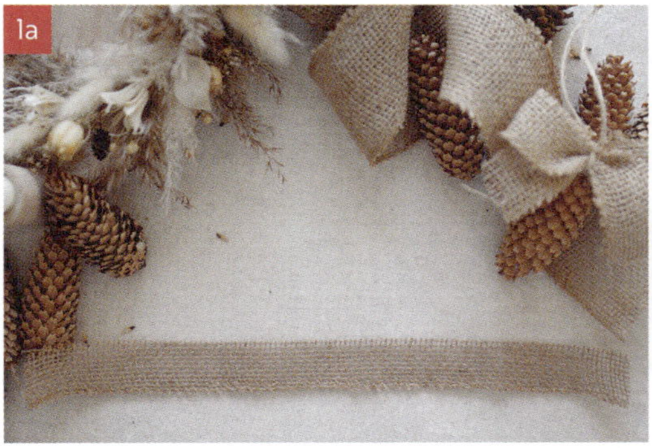

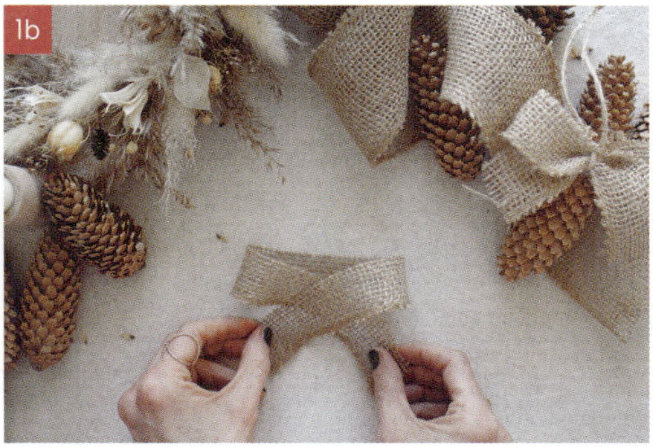

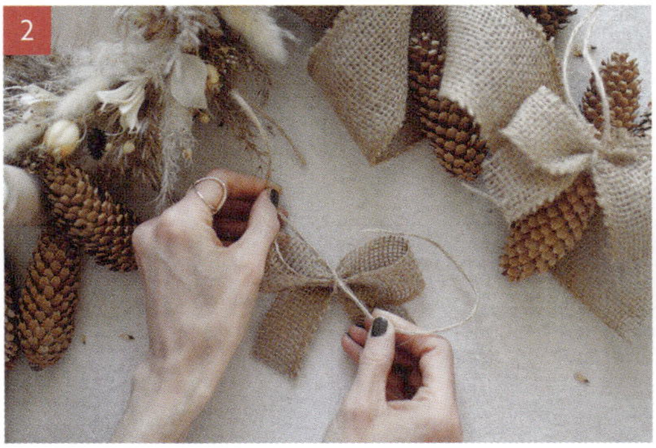

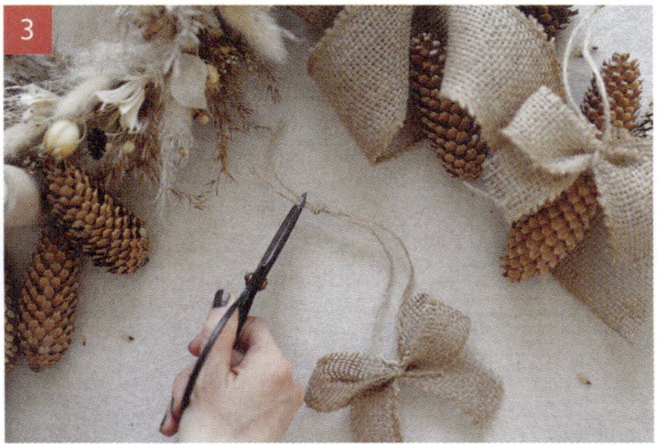

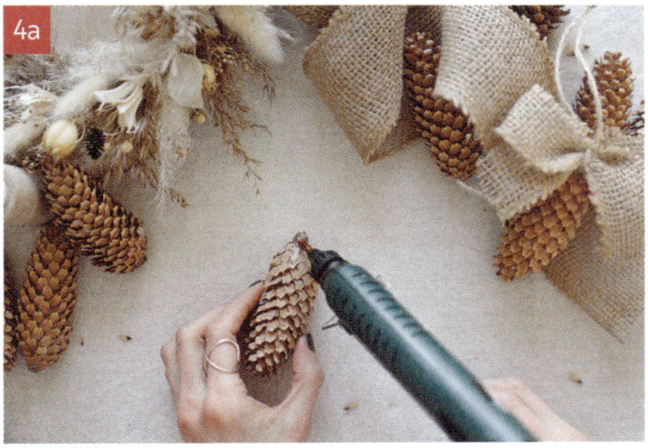

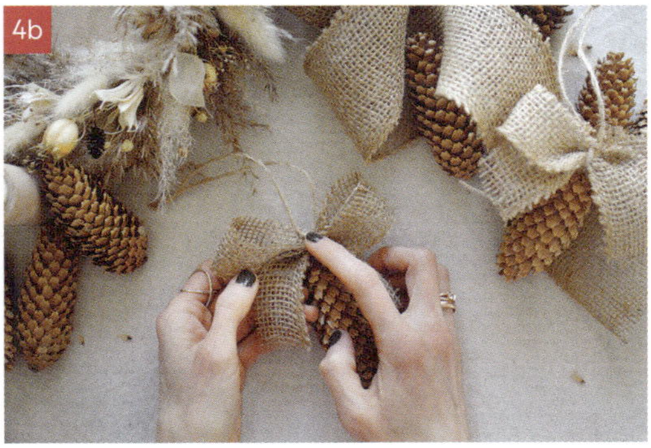

1) Für die Schleife ein 40 cm langes Stück Juteband zurechtlegen und überkreuzen wie auf dem Bild gezeigt.

2) Mittig eine Juteschnur anbringen, die eine entstehen lässt und gleichzeitig als Aufhängung dient.

3) Am anderen Ende einen Knoten machen und überschüssige Schnur abschneiden.

4) Einen Klecks Heißkleber am Zapfen auftragen und so die Schleife fixieren.

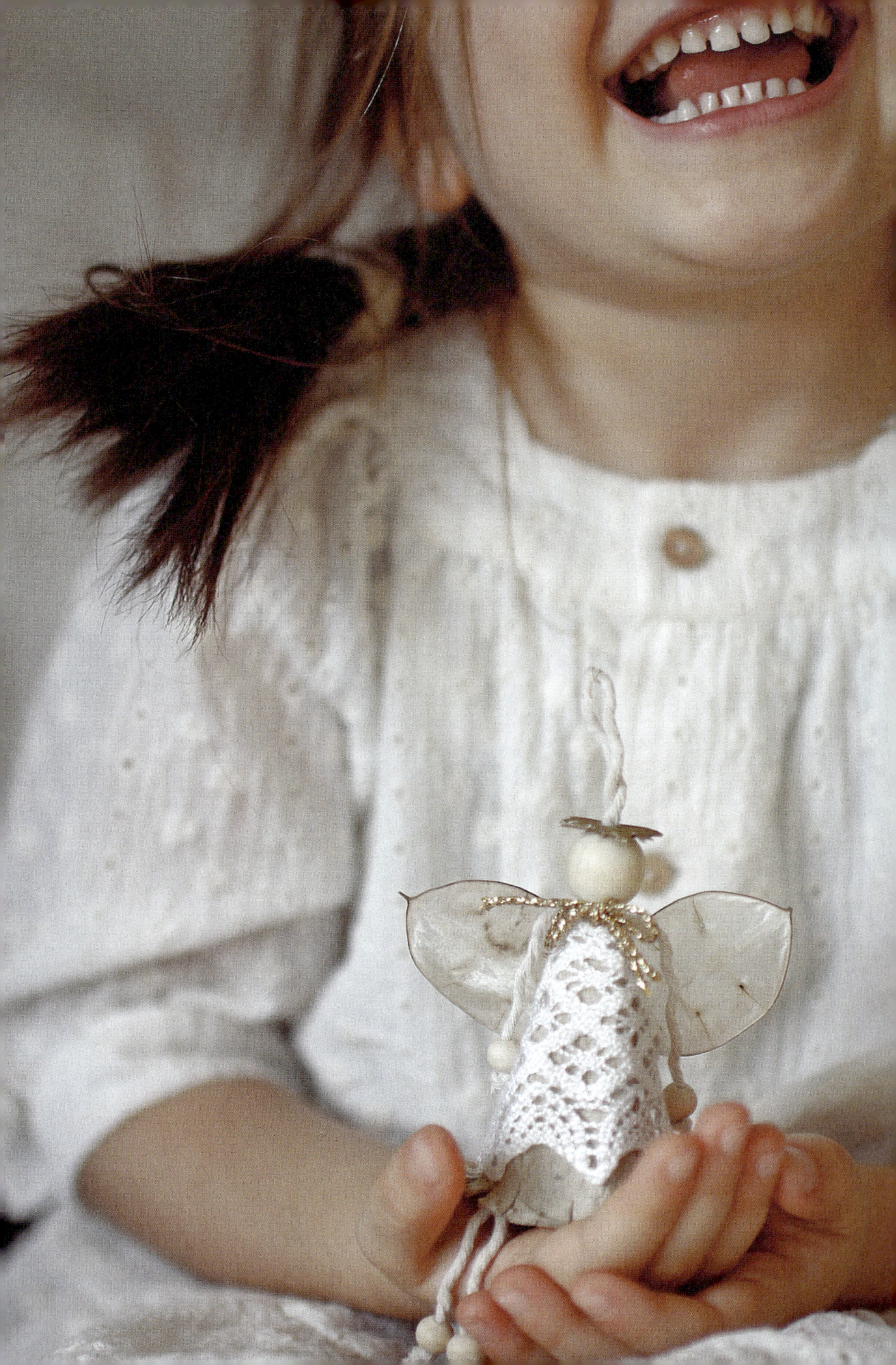

Engel aus Eierkarton

MATERIAL:

- Eierkarton
- Makrameegarn (oder Wolle) in Natur
- Lamégarn in Gold
- 4 Holzkugeln, ø 5 mm
- 1 Holzkugel, ø 15 mm
- Bastelwellpappe in Gold
- Spitzenbordüre, 5 cm breit
- Getrocknetes Silberblatt

HILFSMATERIAL:

- Schere
- Klebeband (optional)
- Heißkleber

Eierkarton ist neben Toilettenpapierrollen der Allrounder schlechthin – mit seiner Kegelform lässt er viel Spielraum für die verschiedensten Interpretationen und ist auch bei Kindern ein sehr beliebtes Bastelmaterial. Und er ist fast immer in jedem Zuhause verfügbar.

Wir haben aus solch einem Karton hier entzückende, kleine Engel für den Weihnachtsbaum gebastelt. Aber auch als Geschenkanhänger kommen sie einfach jedes Mal richtig gut bei den Beschenkten an.

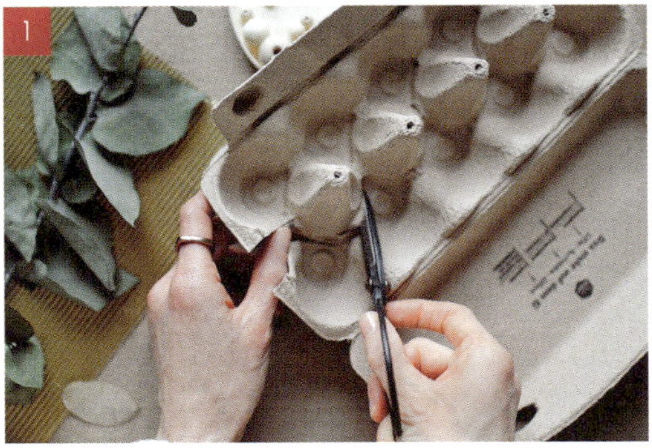

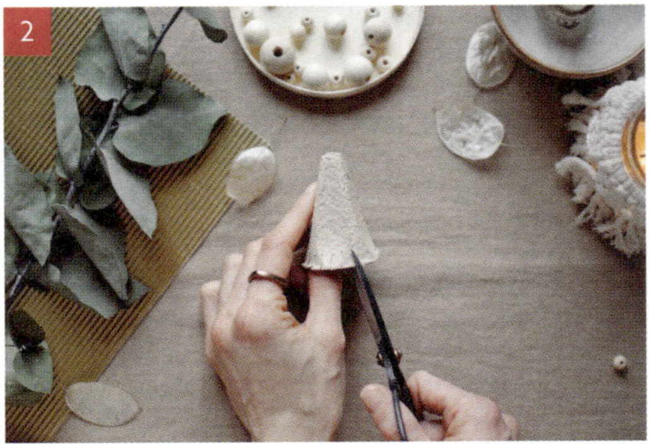

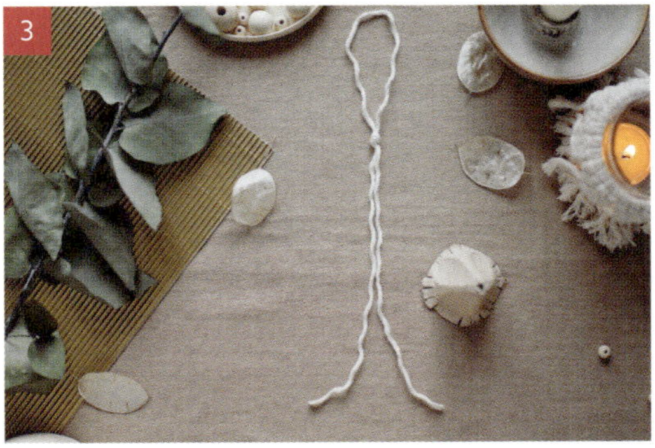

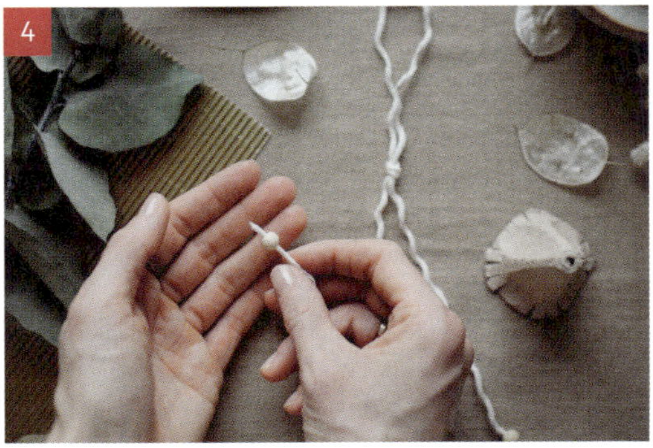

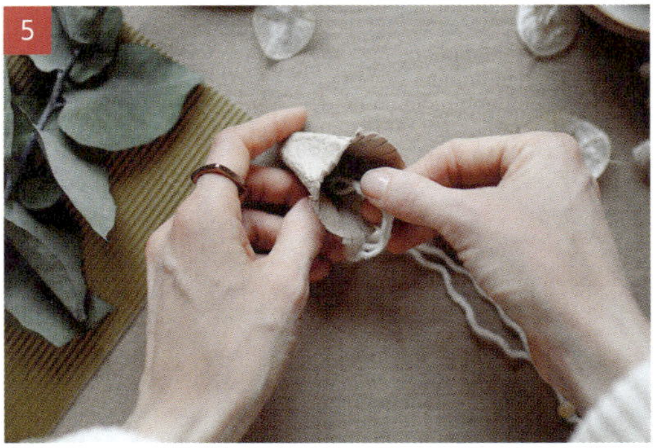

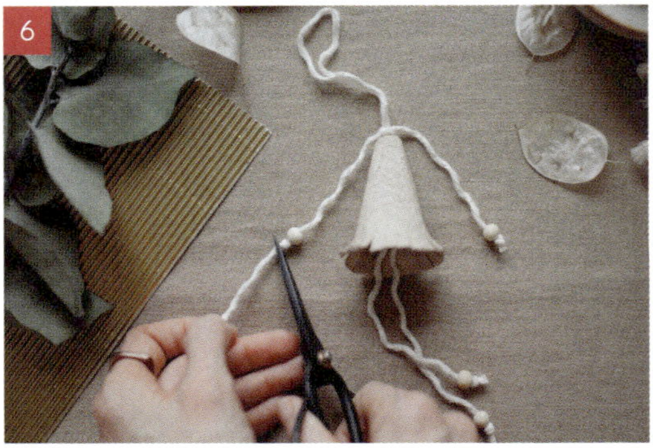

1) Zuerst einen Kegel aus dem Eierkarton ausschneiden.

2) An der unteren Kante ca. 5 mm tiefe Fransen einschneiden, wie auf dem Bild zu sehen.

3) Ein 60 cm langes Stück Makrameegarn in der Hälfte zusammenlegen und nach etwa 8 cm einen Knoten machen.

Kleiner Tipp: die Enden des Garns mit ein wenig Klebeband umwickeln, so lässt es sich nachher besser durch die Holzkugeln fädeln.

4) Nun wird an beiden Enden jeweils eine 5-mm-Kugel als Fuß für den Engel angebracht. Danach einen Knoten machen. Überschüssiges Garn abschneiden.

5) Jetzt wird die Schlaufe durch das kleine Loch am Eierkarton-Kegel gezogen.

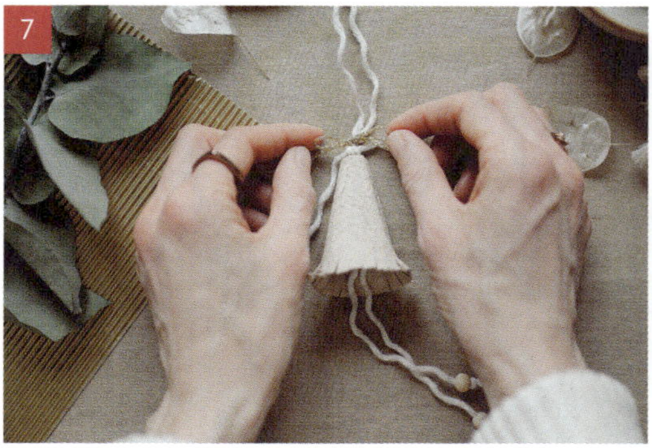

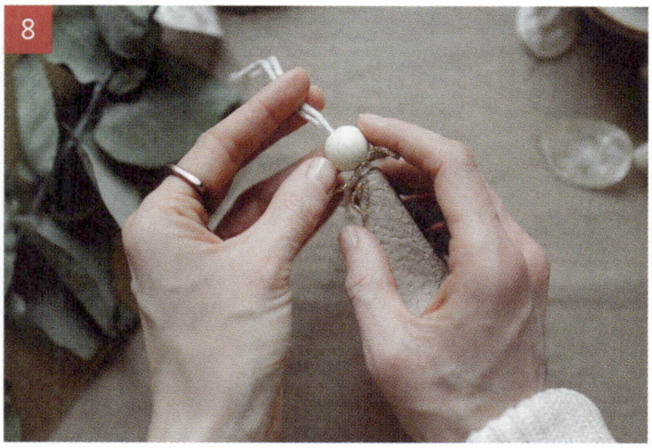

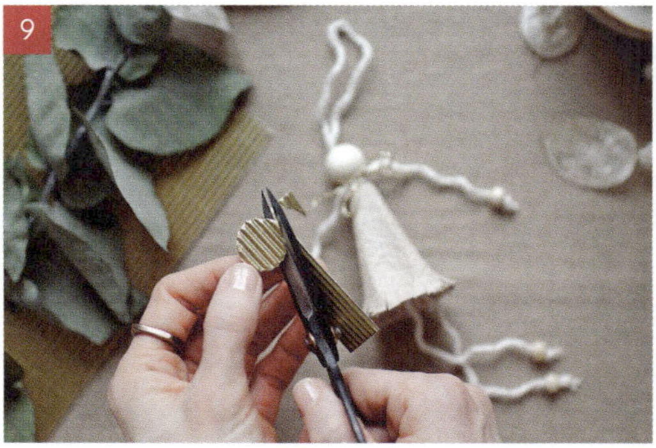

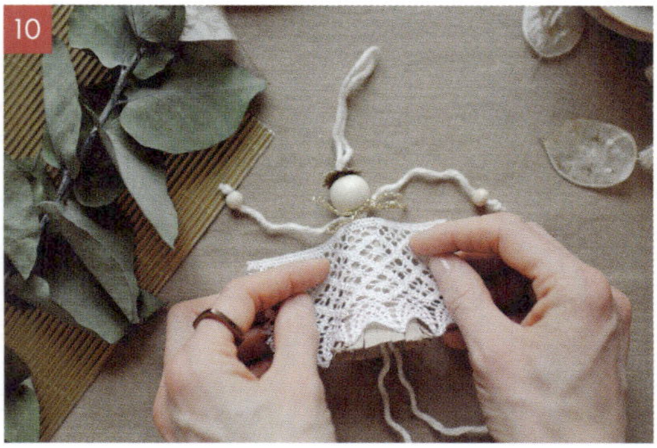

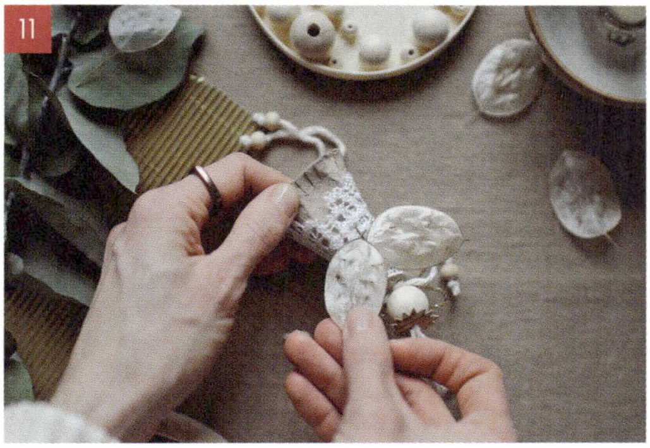

6) Direkt oberhalb, sozusagen am Hals des Engels, ein zweites Stück Makrameegarn von 20 cm Länge mit einem Knoten festmachen. Hier nun zwei weitere 5-mm-Holzkugeln als Hände auffädeln.

7) Als Eyecatcher bekommt der Engel eine Schleife aus Lamégarn um den Hals, der Faden sollte dafür etwa 16 cm Länge haben.

8) Von oben die große Holzkugel als Kopf auf die Makrameeschlaufe ziehen, sodass er über der goldenen Schleife sitzt.

9) Für den Heiligenschein aus der Bastelwellpappe einen Kreis mit 2 cm Durchmesser ausschneiden und am Rand Zacken einschneiden. Mittig mit der Schere ein kleines Loch bohren und den Heiligenschein ebenfalls auf dem Makrameegarn auffädeln.

10) Für das Kleid wird die Spitzenbordüre um den Kegel gewickelt und hinten mit Heißkleber befestigt.

11) Um den Engel komplett zu machen, zwei Silberblätter als Flügel am Rücken festkleben.

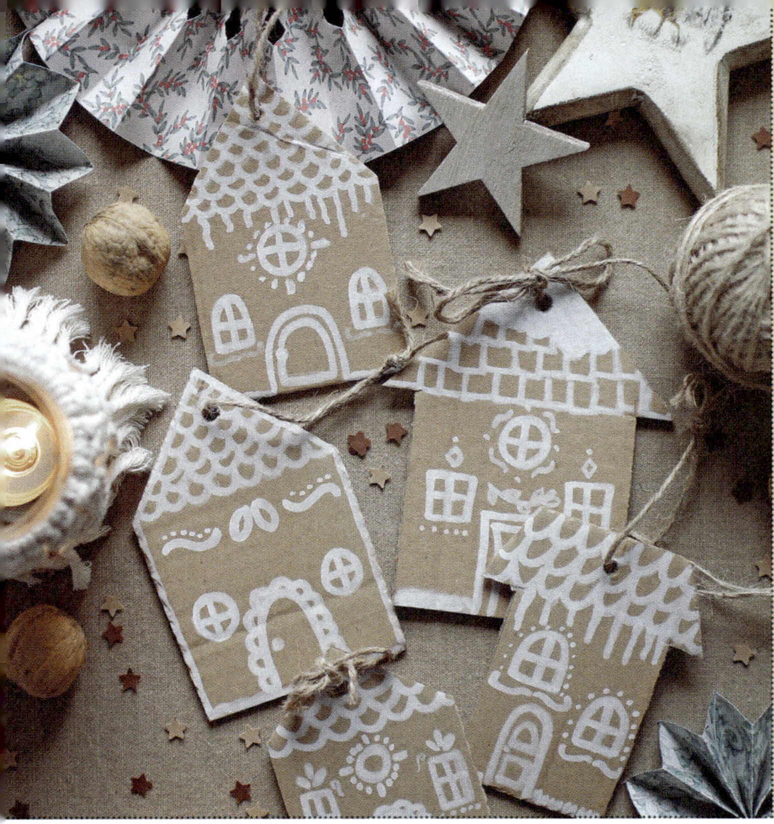

MATERIAL:

- Fester Karton (von Paketsendungen)
- Lackmarker in Weiß
- Juteschnur

HILFSMITTEL:

- Schere
- Bleistift

Lebkuchenhäuschen aus Karton

Diese Lebkuchenhäuschen aus Karton vermitteln ein gemütliches, traditionelles Weihnachtsgefühl. Sie sind ein beliebtes Dekorationselement, da sie eine festliche Atmosphäre schaffen und oft mit einem nostalgischen Charme verbunden sind. Diese – Achtung: nicht verzehrbaren! – Lebkuchen hier sind aus bloß drei Zutaten entstanden, kaum zu glauben, oder? Es darf manchmal so einfach sein … Mit ihren kunstvollen und detailreichen Verzierungen sind sie eine wunderschöne und ansprechende Art, um den Weihnachtsbaum zu schmücken und eine warme Stimmung zu verbreiten. Ebenso machen sie aber auch als Geschenkanhänger eine gute Figur und lösen jedes Mal ganz verzückte Ohs und Ahs aus!

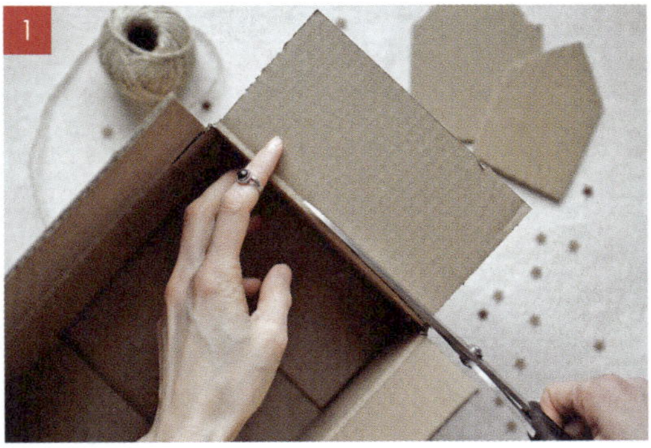

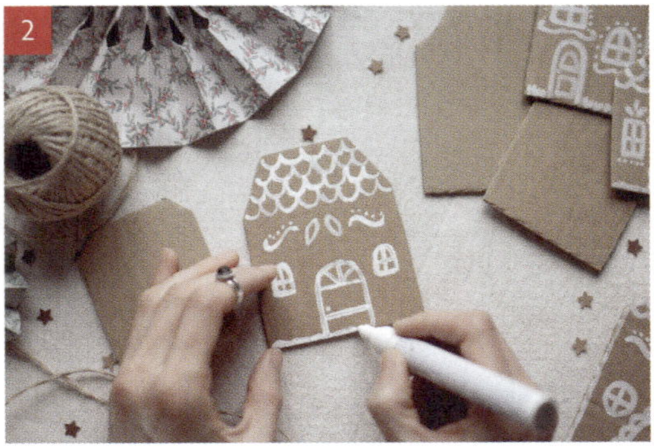

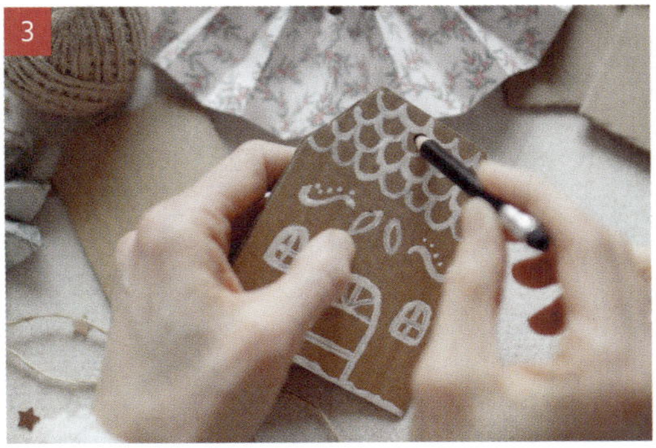

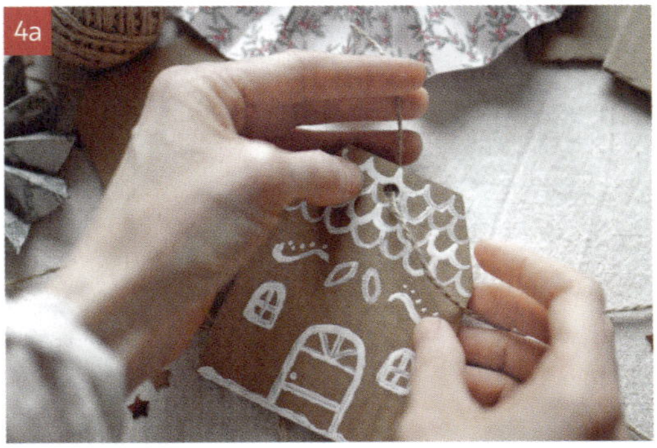

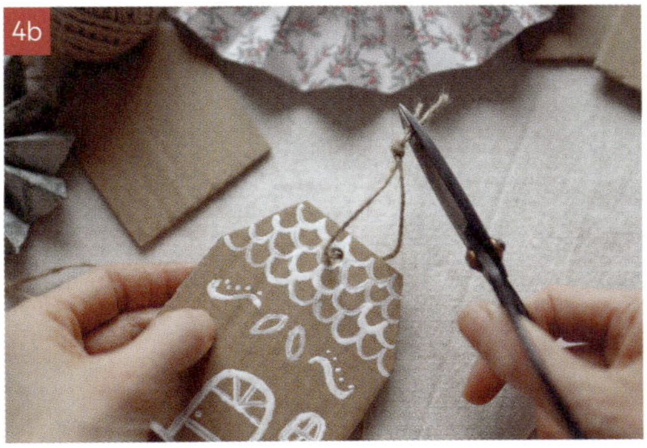

3) Mit einem Bleistift ein Loch oben am Dach bohren.

4) An dem Loch etwas Juteschnur als Aufhängung anbringen. Siehe da – fertig ist das erste Lebkuchenhaus!

1) Nach Belieben ein Kartonhäuschen ausschneiden – die Auswahl an Häuserformen ist hier schier endlos.

2) Die Häuschen nach Lust und Laune mit einem Lackmarker verzieren (besonders angetan haben es mir Schnörkel sowie halbrunde Fenster, Türen oder ein Schornstein, um das Haus noch detailreicher zu gestalten).

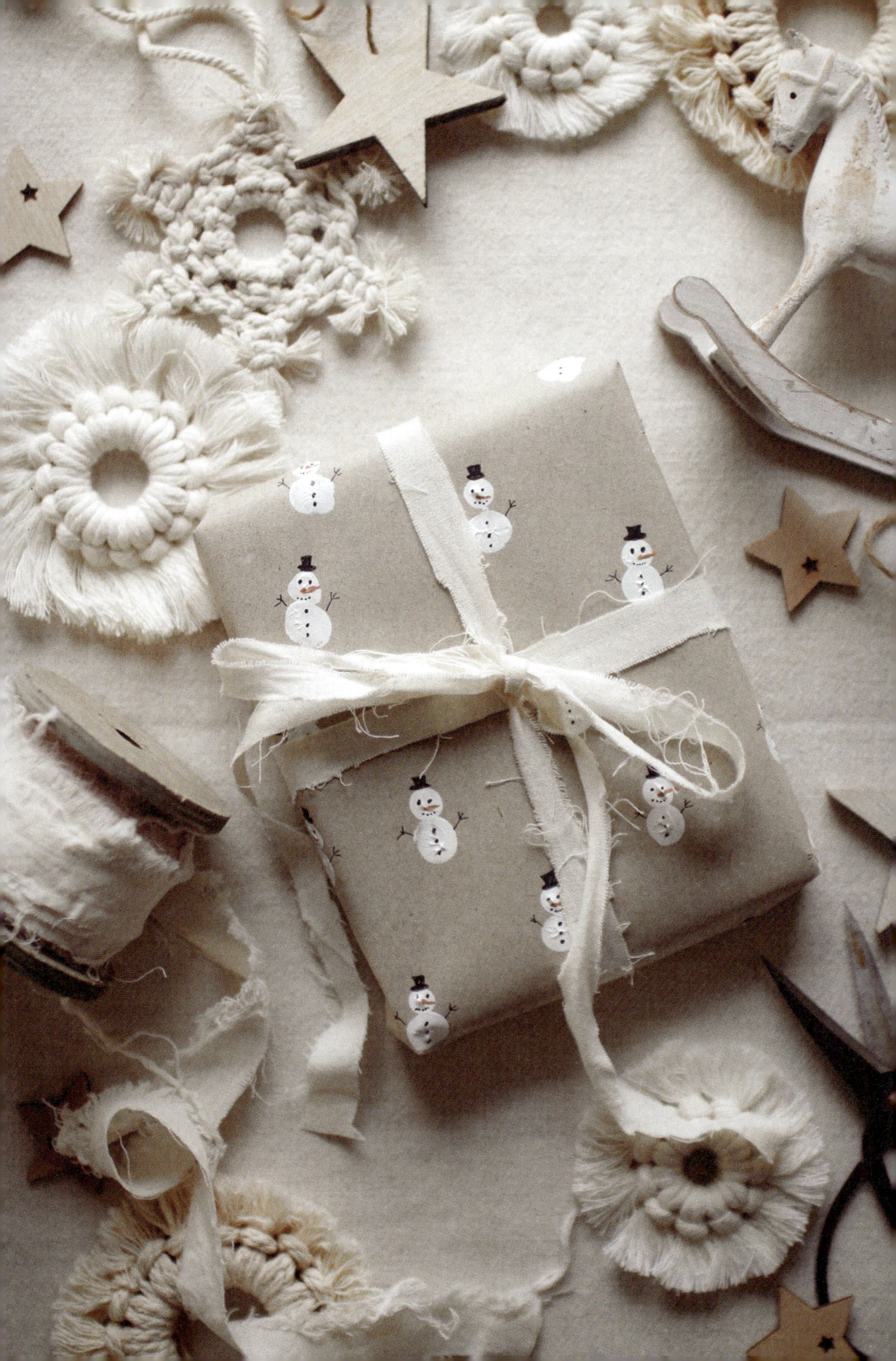

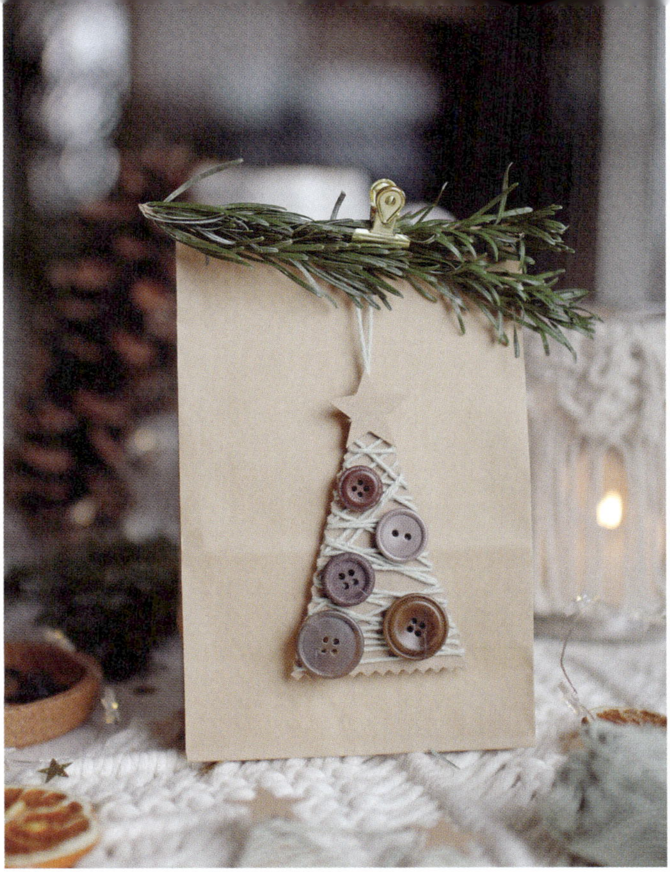

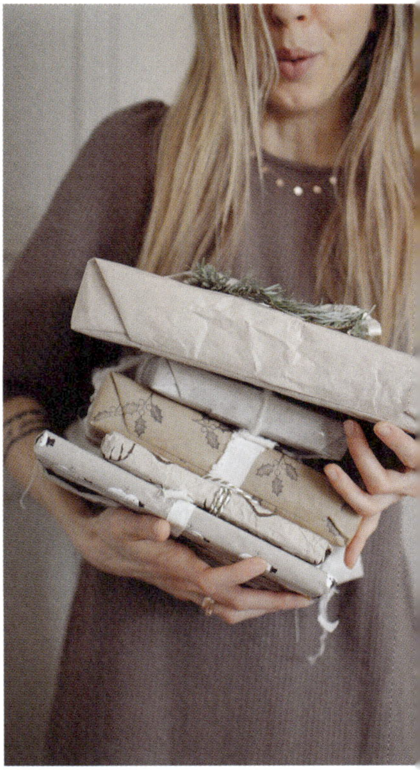

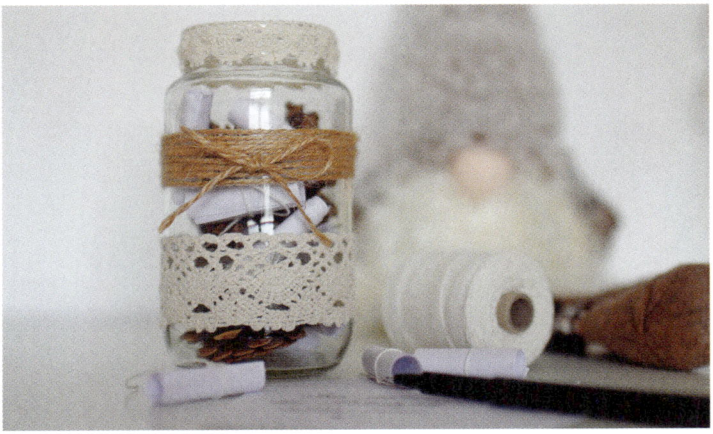

Geschenke

Die Vorweihnachtszeit ist bei vielen (wie auch bei mir) meist von Stress, Hektik und Vorbereitungen geprägt und lässt uns keine Luft zum Durchatmen. Damit du dieses Jahr wenigstens in Sachen Geschenke einen kühlen Kopf bewahren kannst, möchte ich dir ans Herz legen, dir frühzeitig Gedanken darüber zu machen, was du an deine Liebsten verschenken möchtest – am besten natürlich Nachhaltiges. Ich verrate dir wie!

SCHENKE ERLEBNISSE STATT MATERIELLE DINGE: Ich weiß, diesen Spruch hast du sicher schon mal irgendwo gehört oder gelesen. Aber ist es nicht tatsächlich so, dass wir gemeinsame Momente mit unseren Lieblingsmenschen mehr zu schätzen wissen als das fünfte Paar Socken oder die dritte Packung Pralinen? Wie wäre es also mit einem Gutschein für ein Abendessen, einen Ausflug oder einen Konzertbesuch? Solche Geschenke sind oft nachhaltiger, da sie keine Verpackung oder Herstellung erfordern, dafür aber unvergessliche, gemeinsame Erinnerungen schaffen.

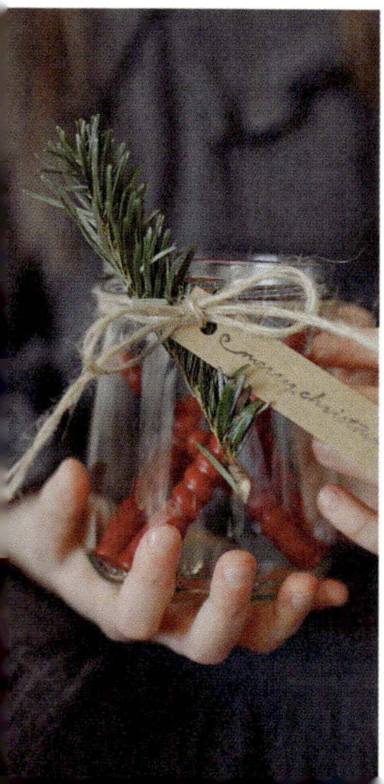

SCHENKE SELBSTGEMACHTES: Das ist eine wunderbare Möglichkeit, um einem Menschen zu zeigen, wie viel er dir bedeutet. Du könntest ein liebevoll gestaltetes Kochbuch mit all deinen Lieblingsrezepten, ein Bild, ein Strickstück, etwas Geknüpftes oder eine selbst gegossene Kerze verschenken.

SCHENKE SECONDHAND-PRÄSENTE: Sie sind eine großartige umweltbewusste Option. Überlege, ob du etwas Gebrauchtes finden kannst, das für die Person, die du beschenken möchtest, von Interesse sein könnte. Vintage-Gegenstände –Möbel beispielsweise sind heute gefragter denn je: Du kannst auch in Secondhandläden oder Onlineshops stöbern, um Inspiration zu finden.

KAUFE NACHHALTIGE GESCHENKE: Wenn es doch etwas neu Gekauftes sein soll, versuche, nachhaltige Varianten zu wählen. Bevorzuge Produkte, die aus umweltfreundlichen Materialien hergestellt und von Unternehmen produziert werden, die sich für Nachhaltigkeit engagieren. Dabei auch auf das Problem des Greenwashings achten (wörtlich übersetzt heißt der Begriff so viel wie »grünwaschen« oder, im übertragenen Sinne, »reinwaschen«. Darunter versteht man PR- oder Marketing-Maßnahmen, die ein Unternehmen als nachhaltig und umweltfreundlich darstellen, obwohl dies gar nicht der Fall ist). Hier braucht es teilweise eine etwas tiefer gehende Recherche über die Umweltauswirkungen eines Produkts oder einer Marke.

VERMEIDE LAST-MINUTE-EINKÄUFE: Plane deine Geschenke im Voraus, um dieses Szenario gar nicht erst entstehen zu lassen. Dadurch hast du mehr Zeit, um nach »grünen« Optionen zu suchen und dich für die beste Wahl zu entscheiden.

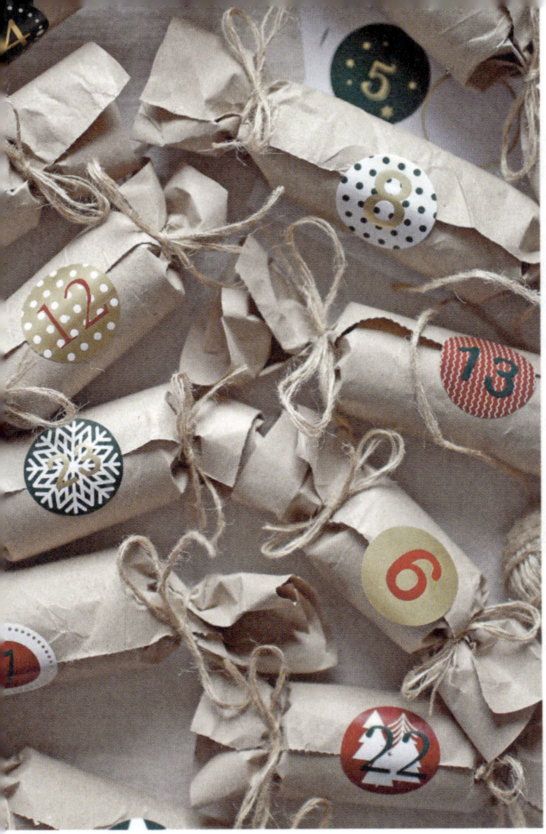

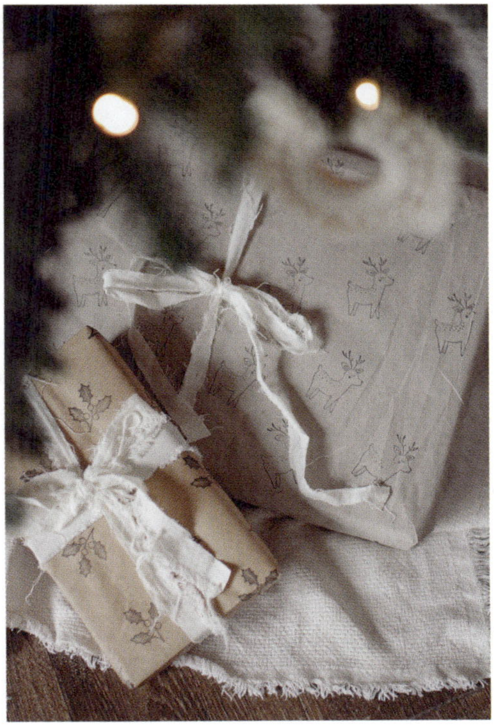

GESTALTUNG & GESCHENKE FÜR DEN ADVENTSKALENDER

Hinsichtlich des Adventskalenders gibt es ebenfalls unendlich viele verschiedene Möglichkeiten der Gestaltung und Befüllung, die sowohl umweltfreundlich als auch kosteneffektiv sind. Hier eine Auswahl an Varianten – sicher wird sich darunter die ein oder andere finden, die am besten zu deinen Bedürfnissen und Werten passt!

DIY-ADVENTSKALENDER: Bastle den Kalender selbst und verwende dazu recycelte Materialien oder verwerte Gegenstände wieder, die du bereits zu Hause hast. Zum Beispiel können alte Zeitungen oder Zeitschriften genutzt werden, um kleine Taschen herzustellen, die dann mit nachhaltigen Leckereien oder kleinen Geschenken gefüllt werden. Auch Toilettenpapierrollen bieten sich hervorragend für einen DIY-Kalender an. Selbst aus alten Socken, Gläsern oder Papiertüten als »Gefäße« zum Befüllen lässt sich etwas Wunderbares zaubern!

ZERO-WASTE-ADVENTSKALENDER: Ein Zero-Waste-Adventskalender ist eine hervorragende Möglichkeit, Abfall zu reduzieren. Statt kleinen Aufmerksamkeiten werden hier beispielsweise Ausflüge, Erlebnisse oder Aktivitäten »verpackt«, die gemeinsam mit der Familie oder Freunden stattfinden können. In diesem Fall die 24 Überraschungen auf kleine Zettel notieren und einzeln zusammengerollt in ein hübsches Glas stecken, aus dem der Beschenkte jeden Tag einmal ziehen darf.

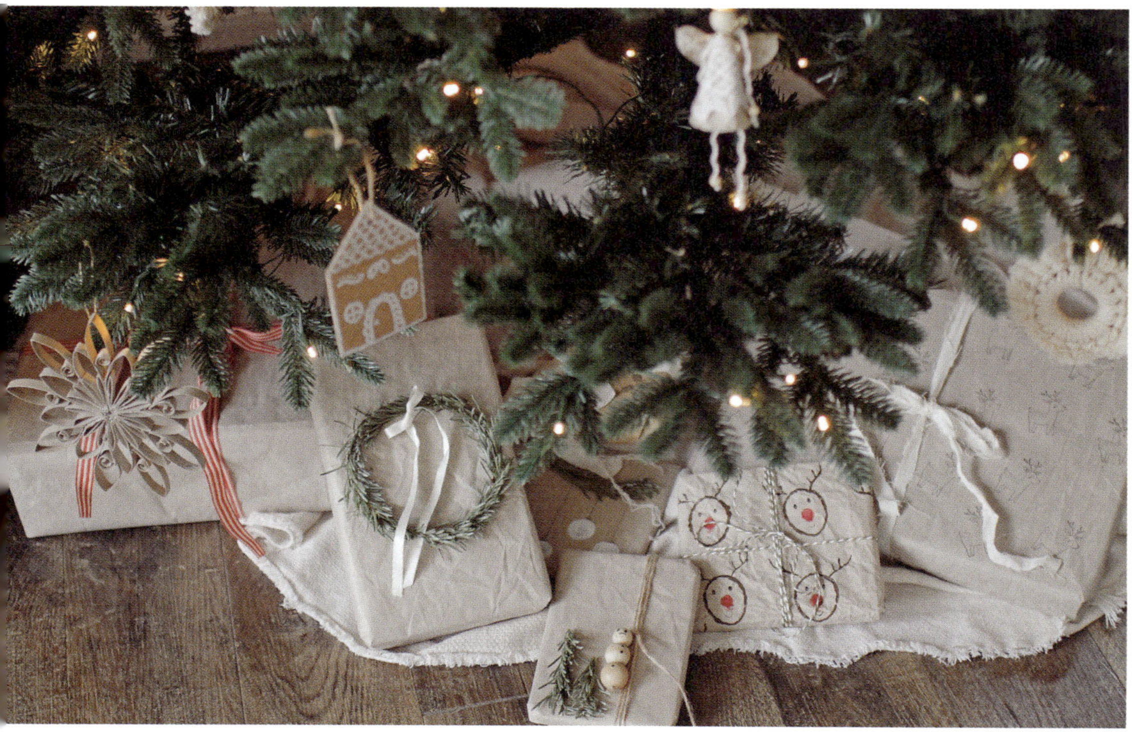

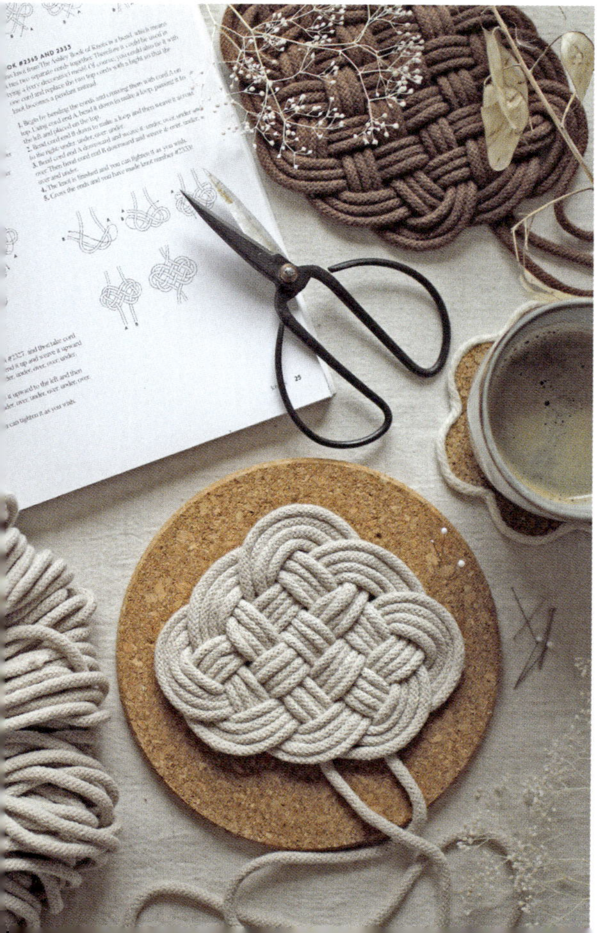

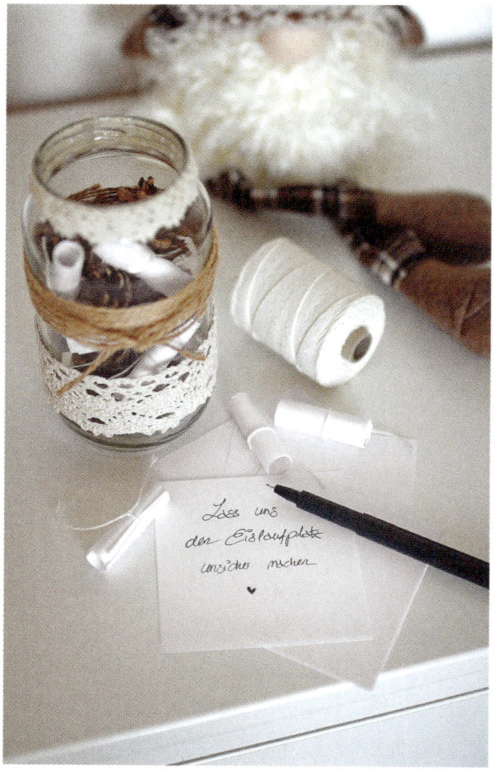

Lass uns
den Eislaufplatz
unsicher machen

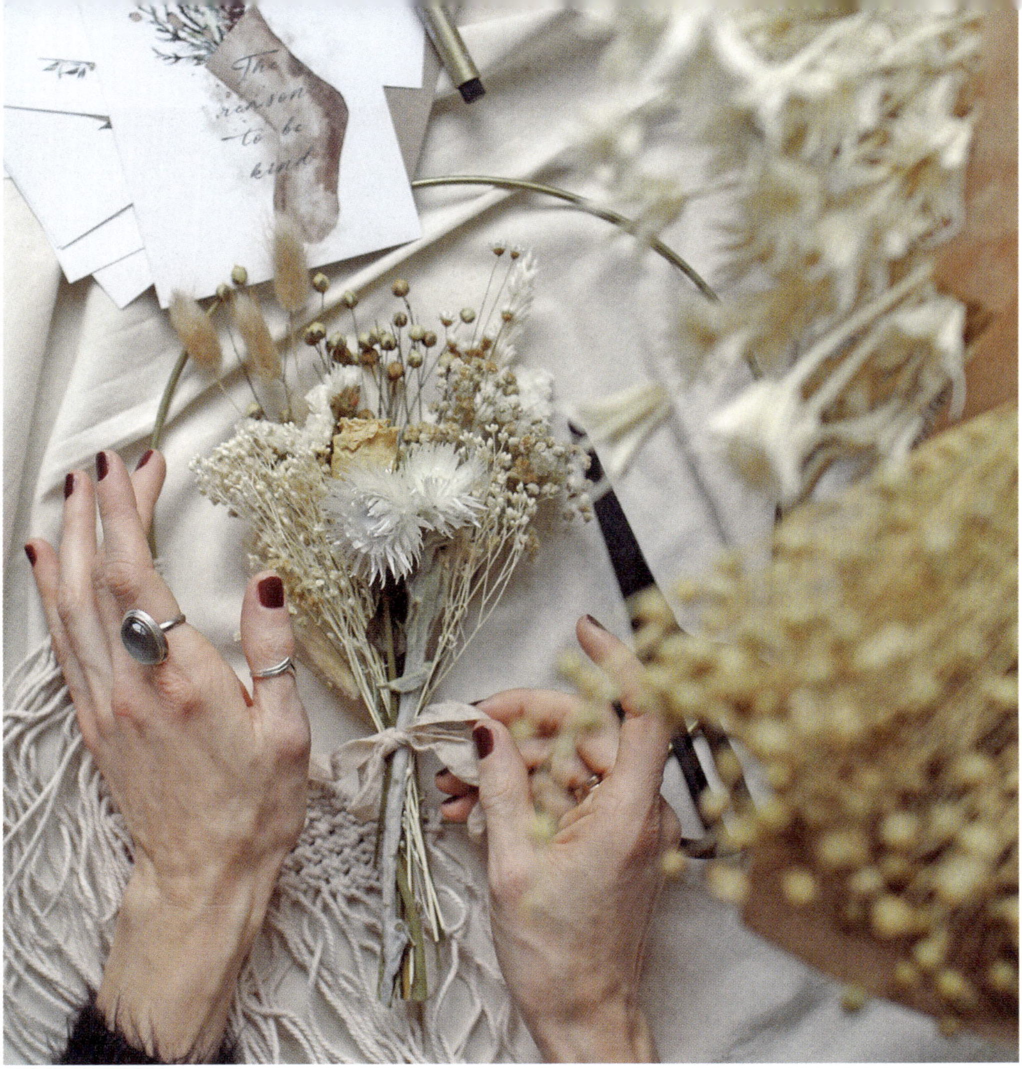

REGIONALER ADVENTSKALENDER: Hier werden zum Befüllen Zutaten und Geschenke verwendet, die von lokalen Händlern stammen. Ganz nach dem Motto »Fahr nicht fort, kauf im Ort!« – lange Transportwege vermeiden. So kann man – selbst wenn man für den Kalender etwas neu kauft – umweltschonend agieren.

FAIR-TRADE-ADVENTSKALENDER: In so einen Kalender packt man Produkte, die unter fairen Arbeitsbedingungen hergestellt wurden und bei denen die Umwelt geschützt wird.

DIGITALER ADVENTSKALENDER: Das ist eine nachhaltige Alternative, die keinen Abfall produziert. Eine solche Kalendervariante kann beispielsweise per E-Mail oder auf einer Website erstellt werden, bei der täglich ein neuer Tipp, ein Rezept oder eine Aktivität online geht.

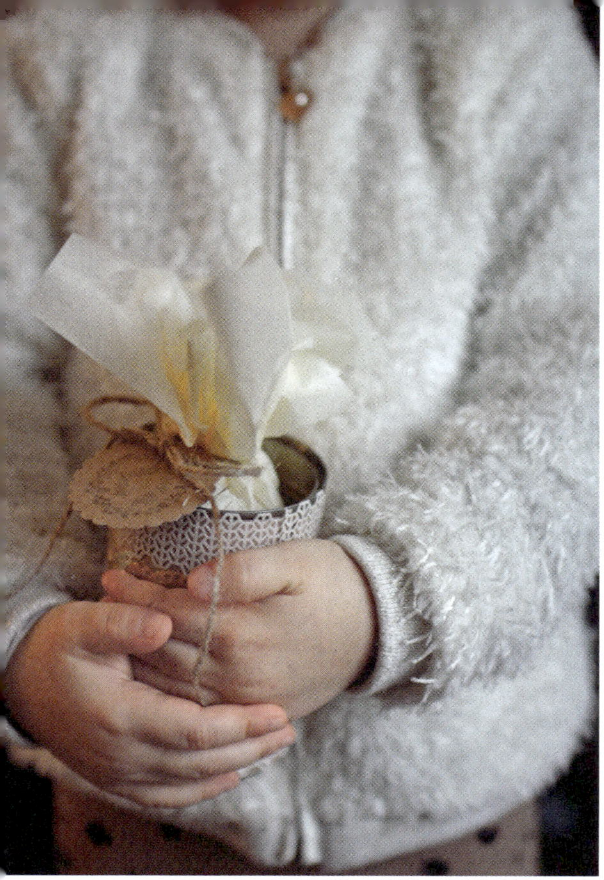

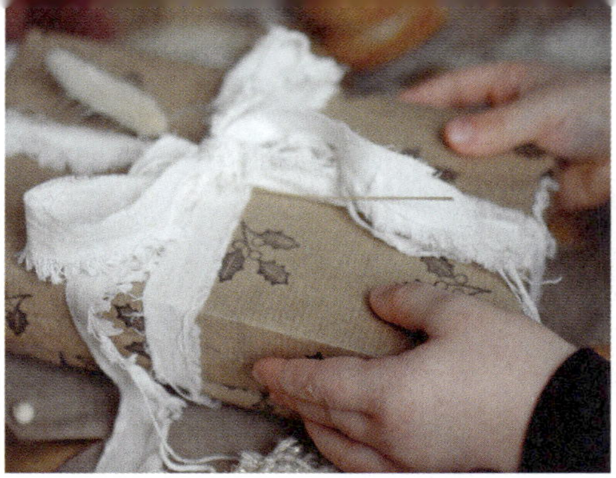

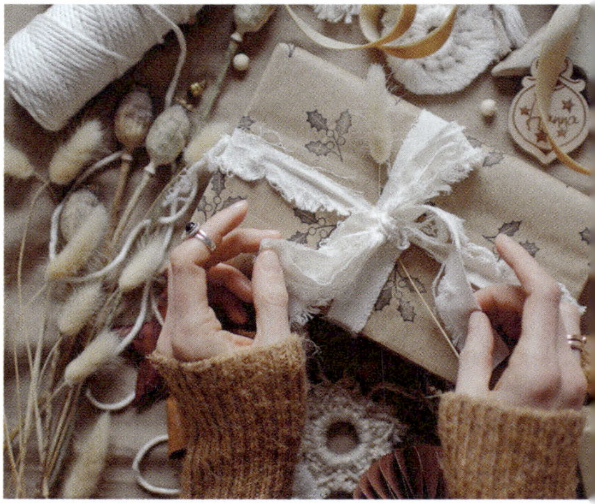

Geschenkverpackungen

Du wirst in diesem Kapitel sehen: Ich bin ein riesengroßer Fan von DIY-Geschenkpapier! Mein Kopf sprudelt manchmal förmlich über vor lauter Ideen, egal für welchen Anlass. Für dich habe ich meine schönsten weihnachtlichen Projekte für nachhaltige Verpackungen & Co. gesammelt, für weniger Müll, mehr Freude – für ein umweltbewusstes Fest. Hier habe ich dir die Vorteile auf einen Blick zusammengestellt:

✶ Der erste Eindruck zählt? Stimmt! Manchmal ist die Hülle genauso kostbar wie der Inhalt. Ich höre da häufig zu meinen selbst gemachten Geschenkpapieren oder -tüten: »Das ist ja viel zu schön, um es auszupacken!« Sie eigens zu gestalten trägt einfach dazu bei, das Schenken persönlicher und bedeutsamer zu machen und den Beschenkten zu zeigen, dass du dir Zeit und Mühe gegeben hast, um ihnen eine besondere Freude zu bereiten.

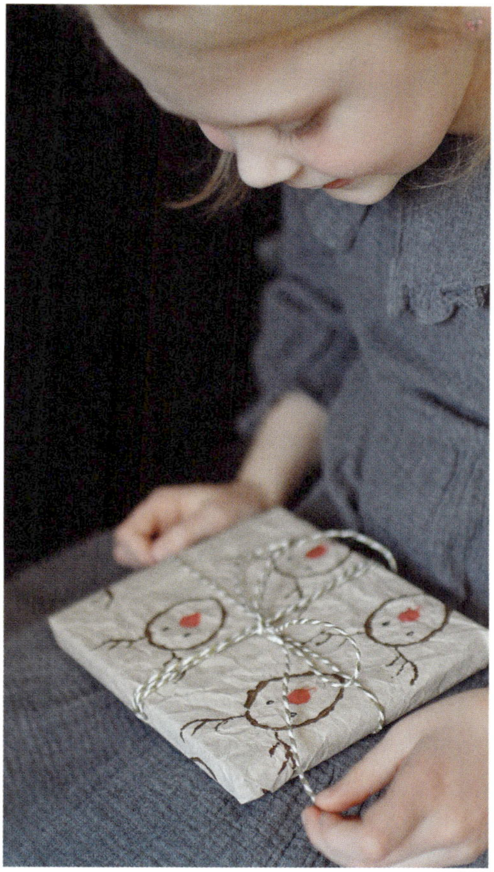

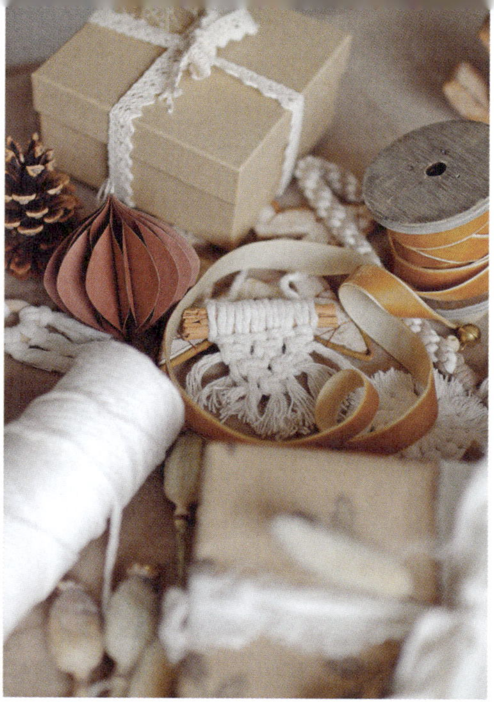

✶ Was ich außerdem richtig genial daran finde, ist, dass man das Geschenkpapier oder die Verpackung voll und ganz nach seinen eigenen Vorstellungen gestalten kann.

✶ Darüber hinaus stellen solche Verpackungen eine umweltfreundlichere Alternative zu gekauften dar, da sie weniger Müll erzeugen und wiederverwendet werden können.

✶ Sie sind in den meisten Fällen auch eine kostensparende Option, wenn du Materialien verwendest, die du bereits zu Hause hast.

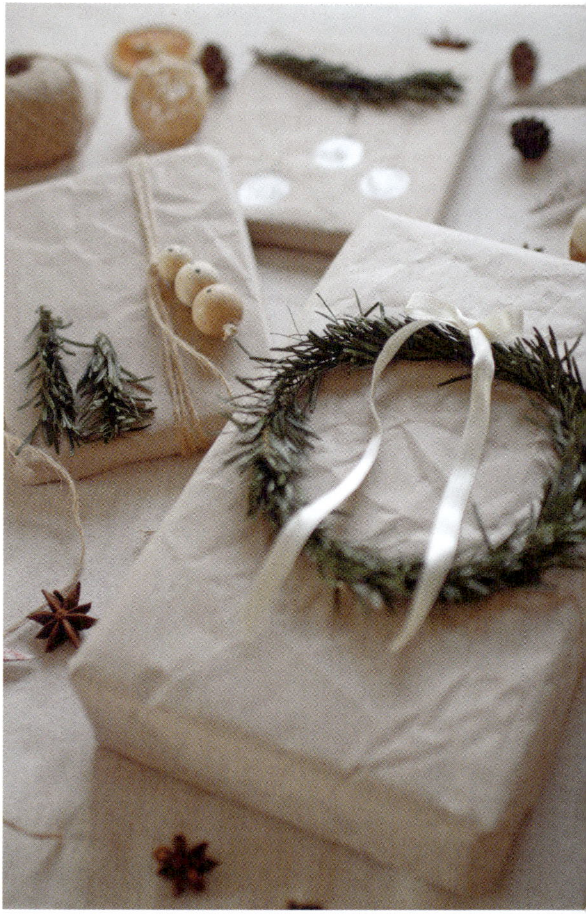

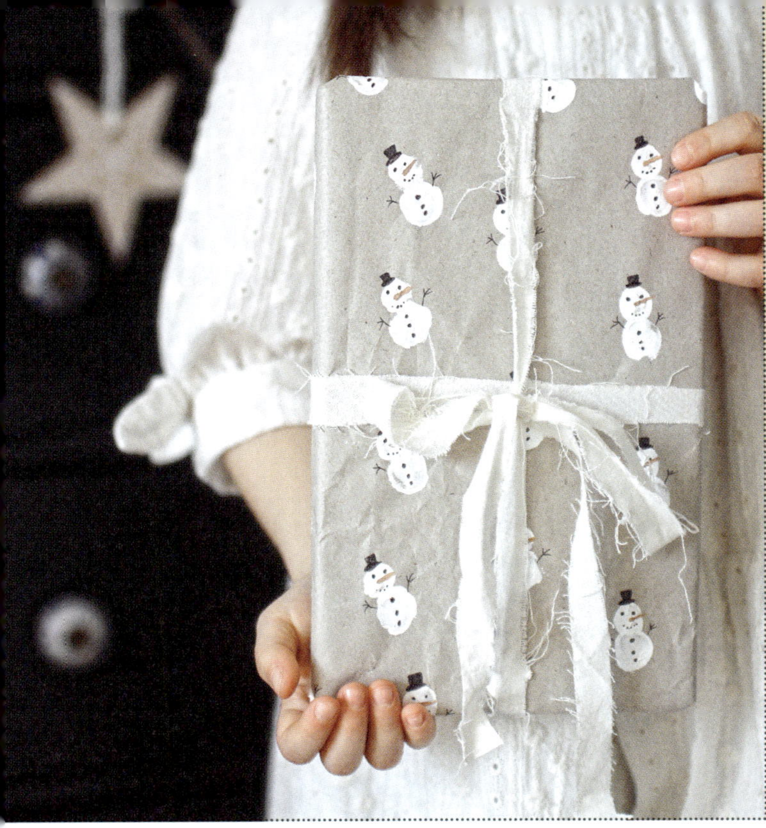

MATERIAL:

- Stopf- oder Packpapier (von Paketsendungen)
- Acrylfarbe in Weiß
- Finepen (z. B. von Faber-Castell, Modell: 1511 Document)
- Acrylfarbe in Karamell

HILFSMATERIAL:

- Pinsel fein (z. B. von Daler Rowney, Modell: 1 Liner)

Geschenkpapier Frosty

Was ich an selbst gestaltetem Geschenkpapier so liebe, ist wie bereits erwähnt die Kreativität und die Möglichkeit, es einzigartig und persönlich zu kreieren. Jedem noch so kleinen Präsent kann auf diese Weise eine besondere Note verliehen werden. Wie in diesem Fall mit unseren kleinen Schneemännern, die vor allem bei den Kindern jedes Mal richtig toll ankommen. Say hello to Frosty!

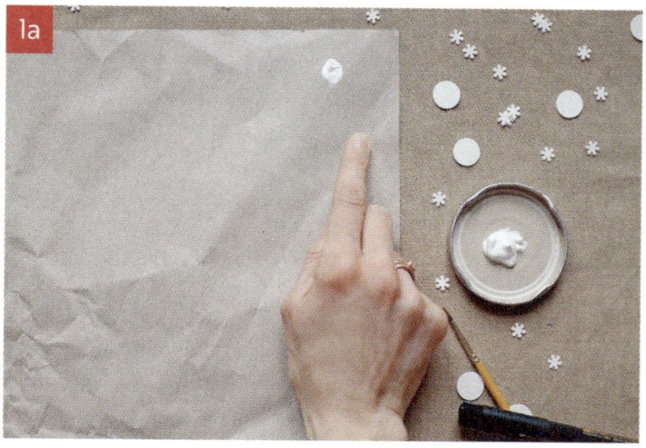

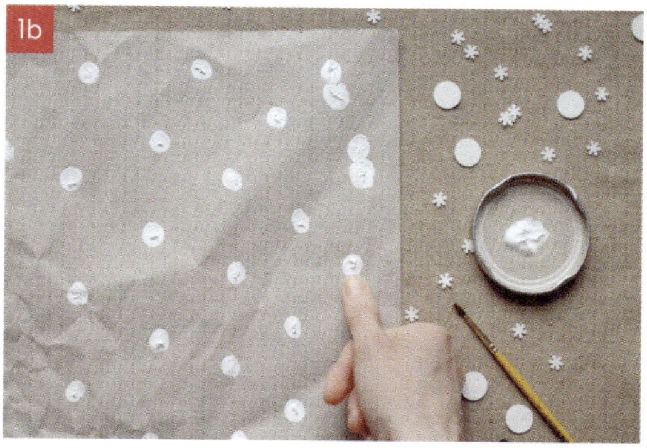

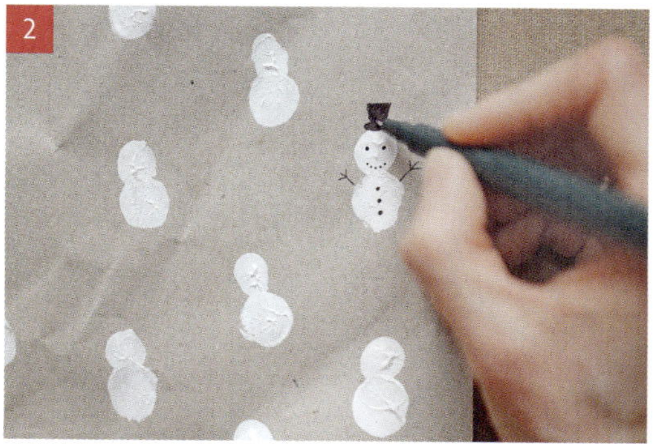

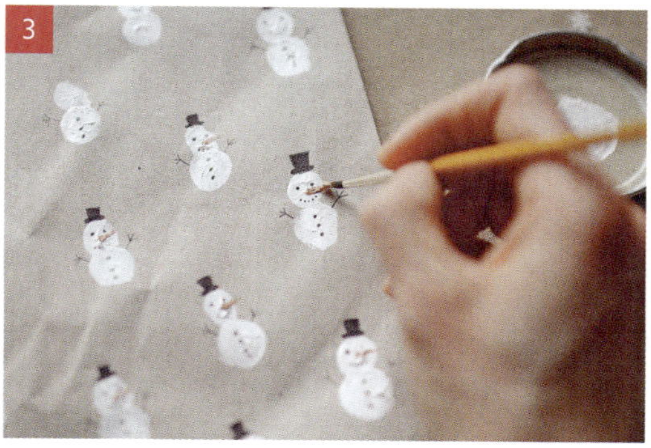

1) Für den Kopf der Schneemänner die weiße Farbe mit der Spitze des Zeigefingers auf das Papier tupfen, danach direkt darunter mit dem Daumen den Körper. Trocknen lassen.

2) Danach mit dem Finepen Augen, Mund, Knöpfe am Bauch sowie die Arme aufzeichnen. Ein aufgezeichneter Hut ziert dann noch das Haupt von Frosty.

3) Um den Schneemann zu vervollständigen, mit dem Pinsel in Karamell eine Karottennase aufmalen. Bevor das Geschenkpapier zum Einsatz kommt, alles noch mal ein bis zwei Stunden trocknen lassen.

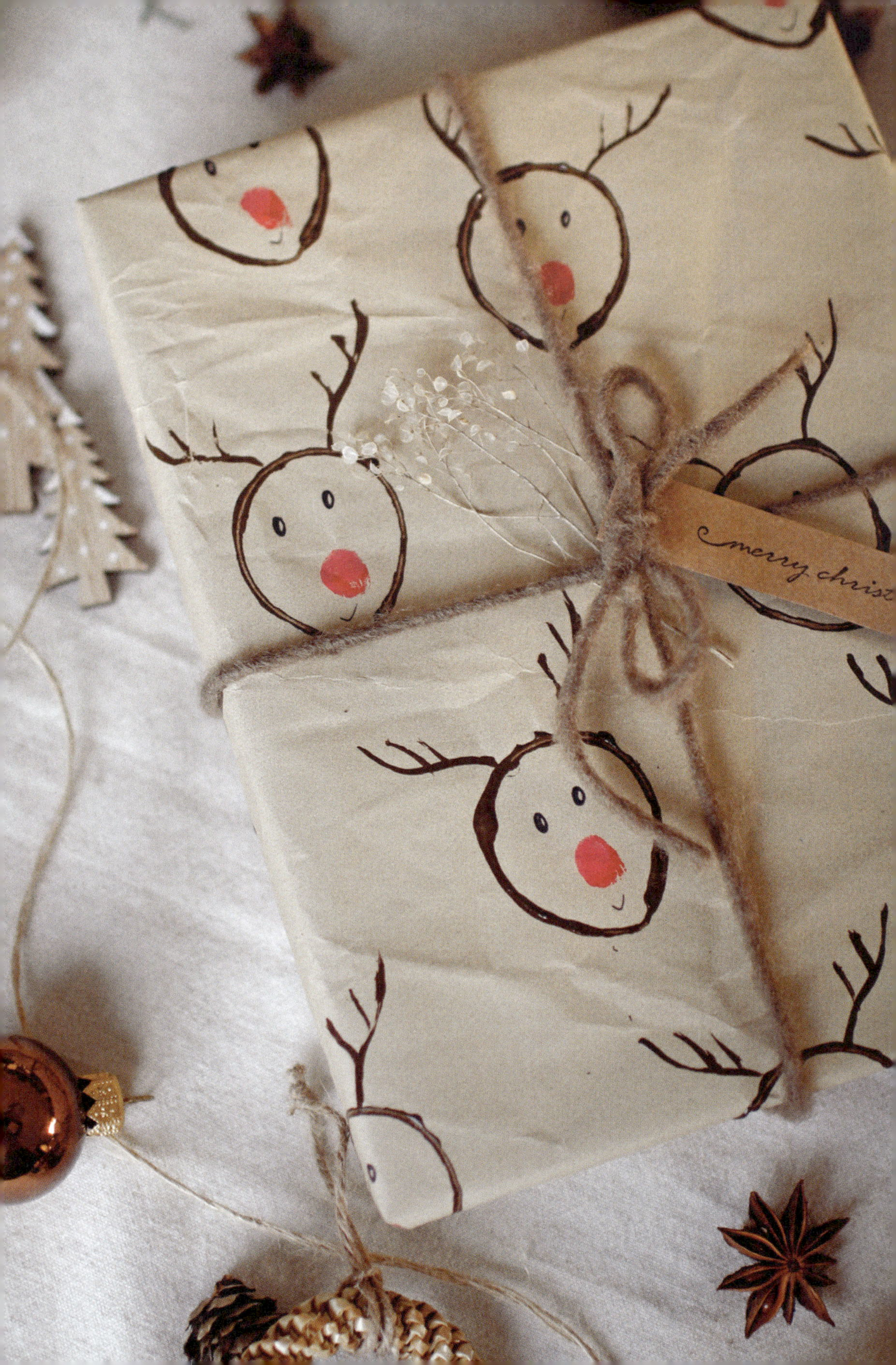
merry christ

Geschenkpapier Rudolph

MATERIAL:

- Stopf- oder Packpapier (von Paketsendungen)
- Toilettenpapierrollen
- Acrylfarbe in Braun
- Wasserfarbe in Rot
- Finepen (z. B. von Faber-Castell, Modell: 1511 Document)

HILFSMATERIAL:

- Pinsel fein (z. B. von Daler Rowney, Modell: 1 Liner)

Rudolph, das Rentier mit der roten Nase, ist zur Weihnachtszeit wohl eines der schönsten Motive. Da kam die Idee, ein Geschenkpapier selbst zu basteln, wie gerufen, um die Vorfreude auf das Fest zu wecken. Und das nicht nur bei den Kleinen!

Hier mischen mal wieder Toilettenpapierrollen mit. Damit lässt es sich nämlich prima stempeln. Meine Töchter lieben diese Technik und können davon gar nicht genug bekommen. Vielleicht kommst auch du mit diesem Projekt auf den Geschmack!

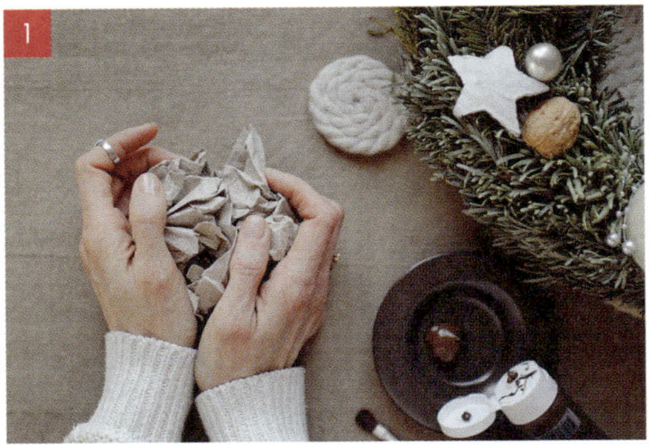

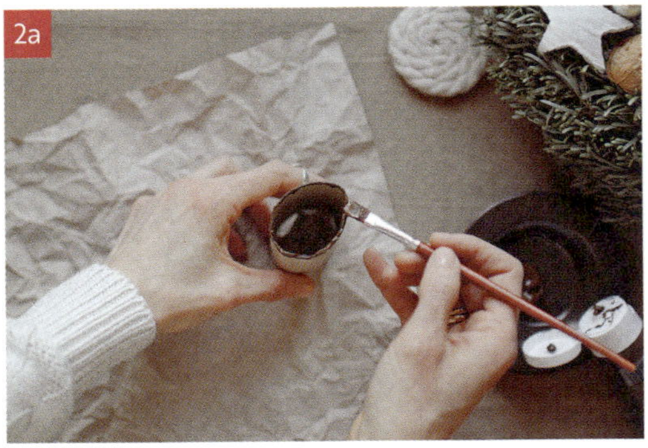

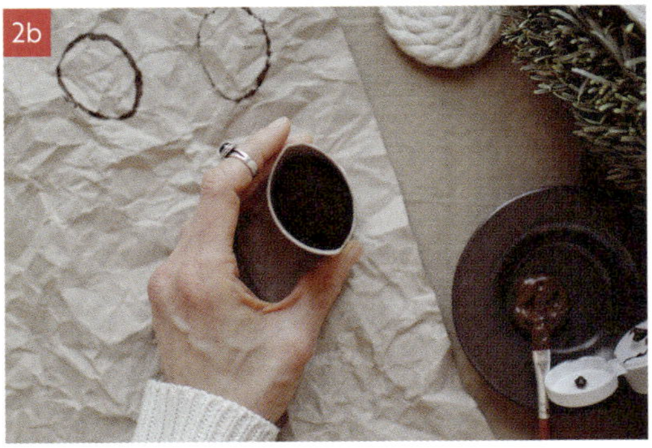

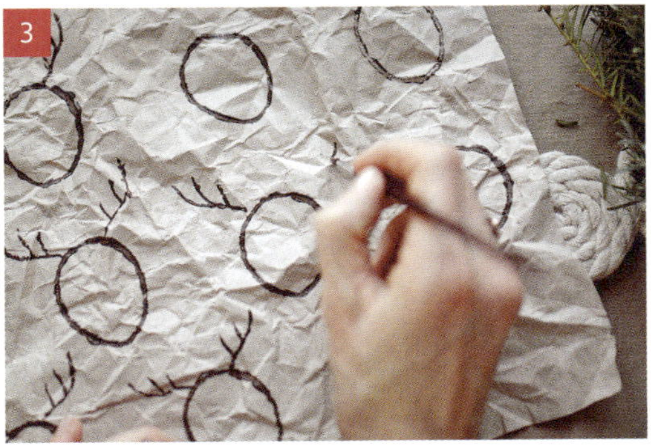

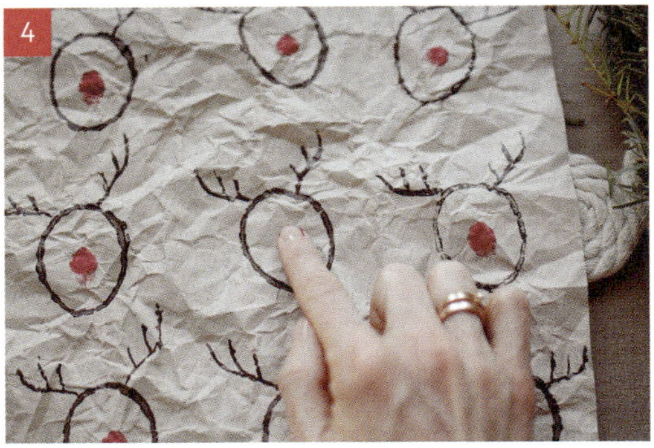

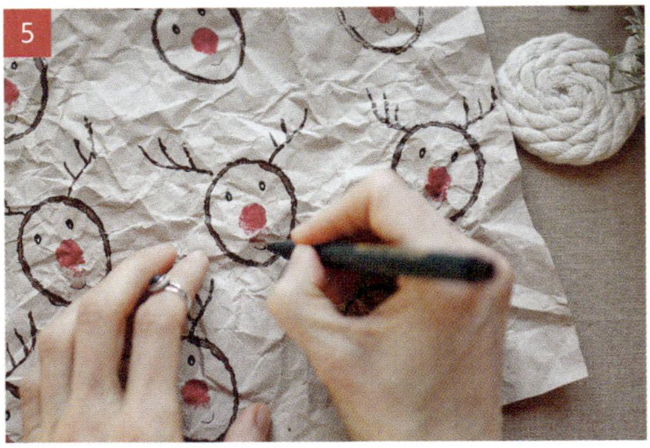

1) Um eine etwas andere Haptik zu schaffen als bei herkömmlichem Geschenkpapier, das Stopf- oder Packpapier zusammenknüllen und es anschließend wieder entfalten und glatt streichen.

2) Eine Toilettenpapierrolle leicht oval formen. Den Rand mit Acrylfarbe bestreichen und damit jeweils den Kopf des Rentiers auf das Papier stempeln.

3) Mit dem Pinsel in derselben Farbe ein einfaches Geweih malen.

4) Die Nase mit roter Wasserfarbe auftupfen.

5) Zuletzt Augen und Mund mit dem Finepen aufzeichnen.

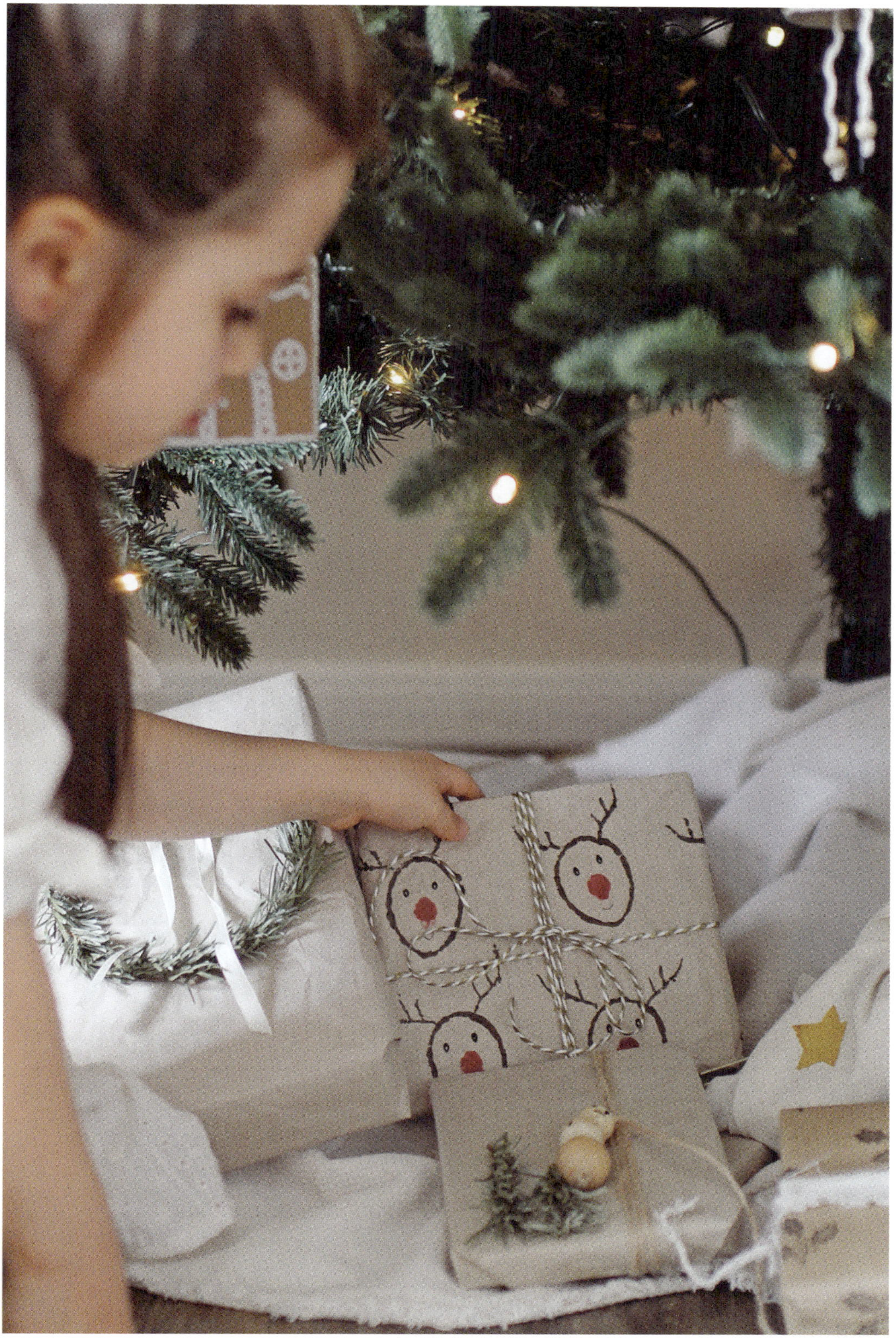

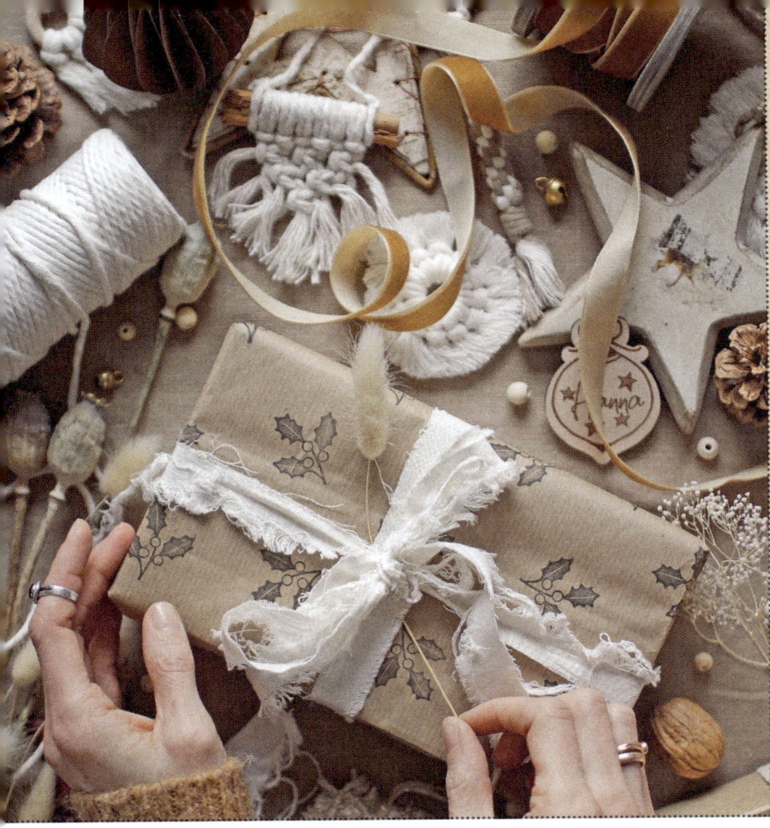

MATERIAL:

- Papiertragetasche ohne Aufdruck

HILFSMATERIAL:

- Schere
- Stempel mit weihnacht-lichem Motiv
- Stempelkissen

Geschenkpapier mit Stempeldruck

Diese Variante ist schlichtweg genial: Simpel, schnell und wunderschön lässt sich mit einem weihnachtlichen Stempelmotiv das wohl günstigste Geschenkpapier der Welt gestalten. Du entscheidest, wie dicht gestempelt wird und in welcher Anordnung.

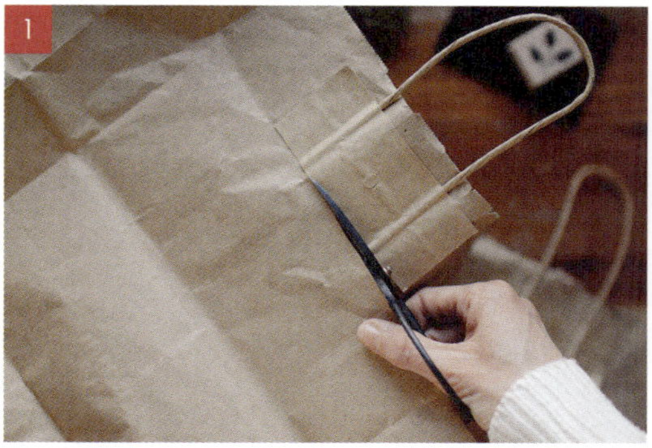

1

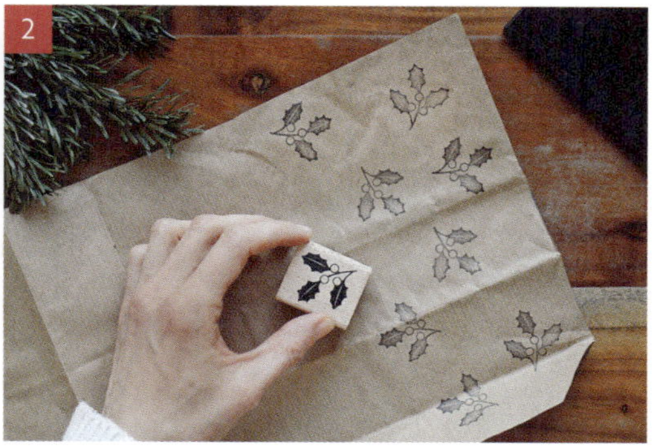

2

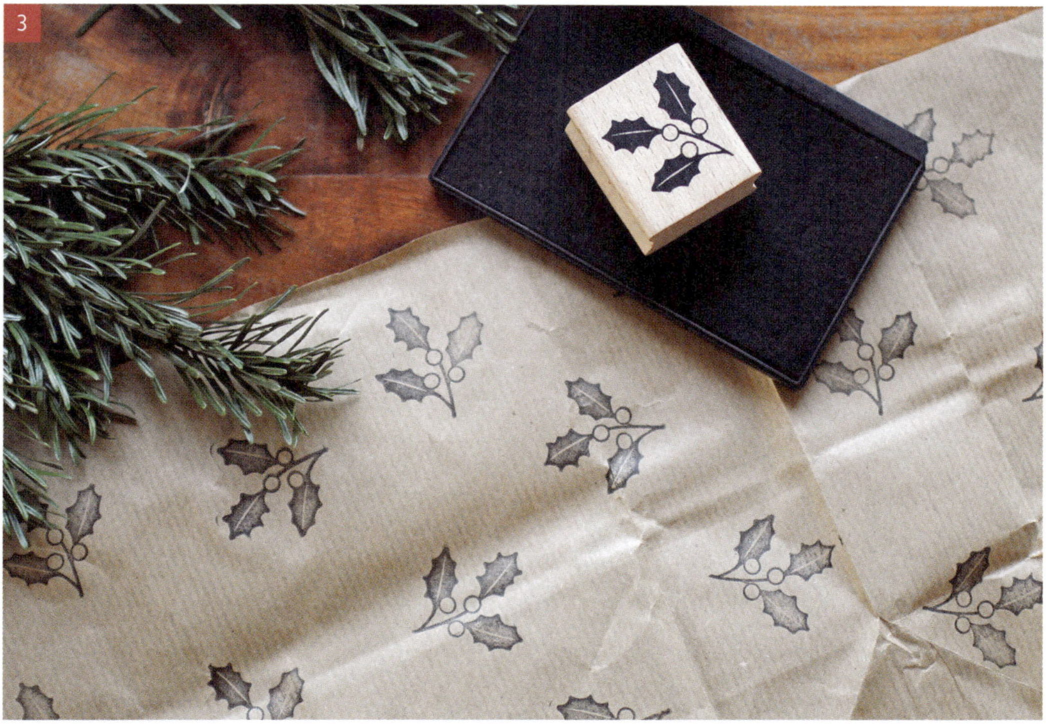

3

1) Eine Tragetasche vorsichtig an einer Seite aufschneiden und anschließend die Henkel entfernen.

2) Auf der Tasche drauflos stempeln.

3) Die Anordnung ist beliebig wählbar. Mehr gibt's hier nicht zu tun – dein Papier ist direkt gebrauchsfertig und darf das nächste Geschenk zum Hingucker machen!

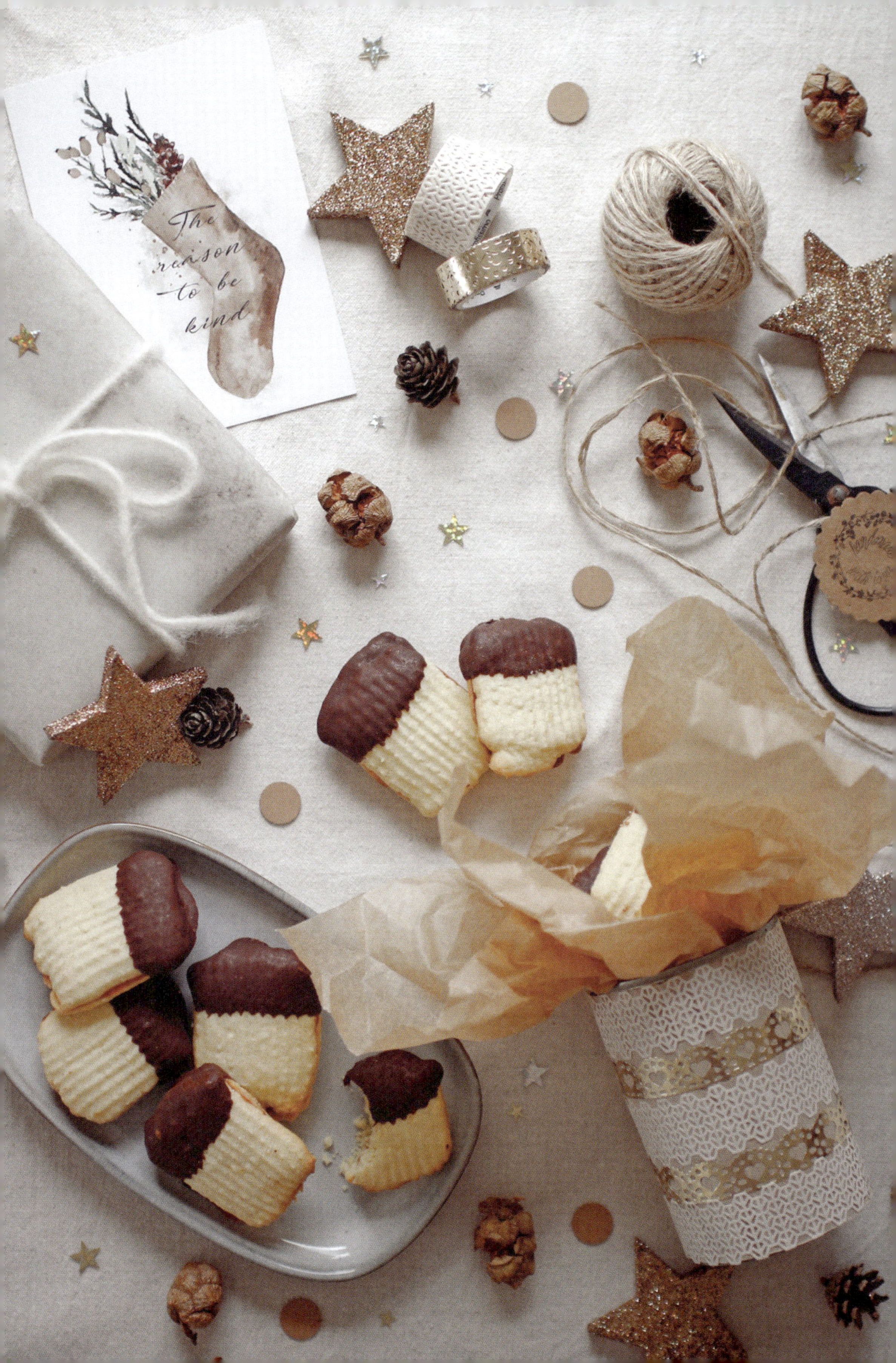
The reason to be kind

Keksdose zum Befüllen

MATERIAL:

- Konservendose
- Packpapier
- Washi-Tape deiner Wahl
- Backpapier
- Juteschnur
- Papier (optional)

HILFSMATERIAL:

- Kombizange (optional)
- Kleber
- Schere

Ein Gruß aus der Küche, wie diese gefüllte Keksdose, ist doch überall gern gesehen und bietet eine wunderbare Gelegenheit, seine Liebe und Zuneigung auszudrücken und den Menschen zu zeigen, dass man an sie denkt.

Selbst gebackene Weihnachtsplätzchen sind außerdem eine Möglichkeit, Traditionen und Familienrezepte von Generation zu Generation weiterzugeben. Ich zum Beispiel erinnere mich noch heute daran, als wäre es gestern gewesen, dass mein Onkel, der berühmt für seine perfekt geformten Vanillekipferl ist, mit mir als Kind gebacken hat. Genau das sind Erinnerungen, die man für immer in sich trägt – und die man mit so einem DIY-Projekt weitertragen kann.

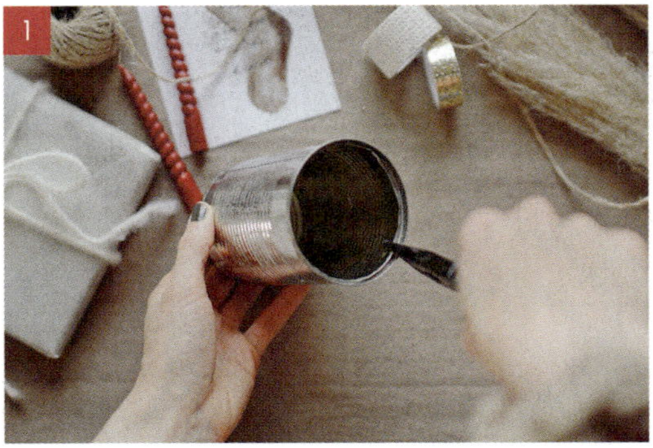
1

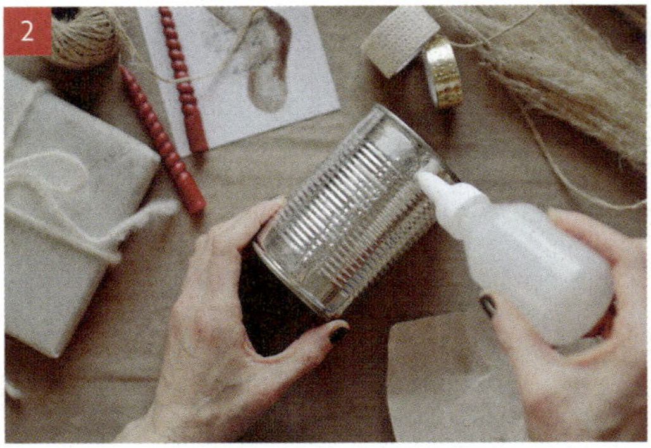
2

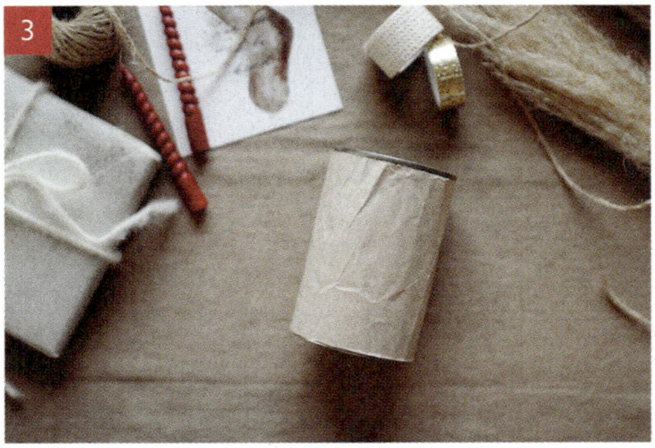
3

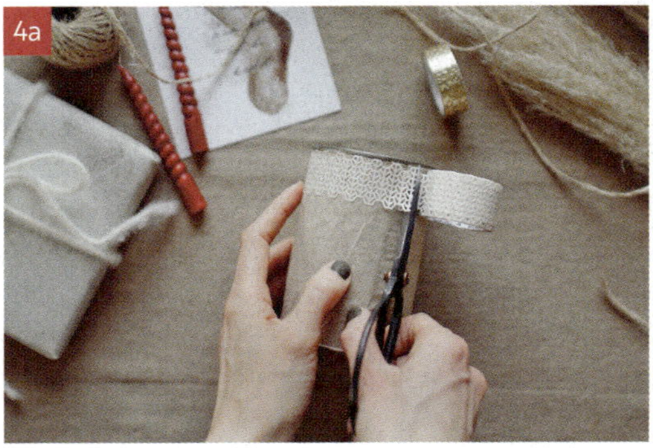
4a

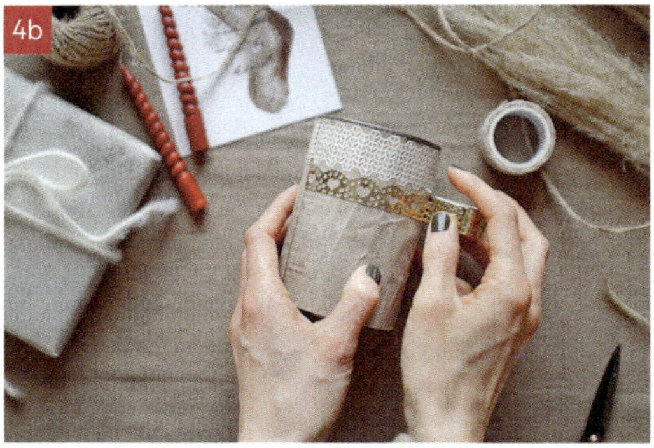
4b

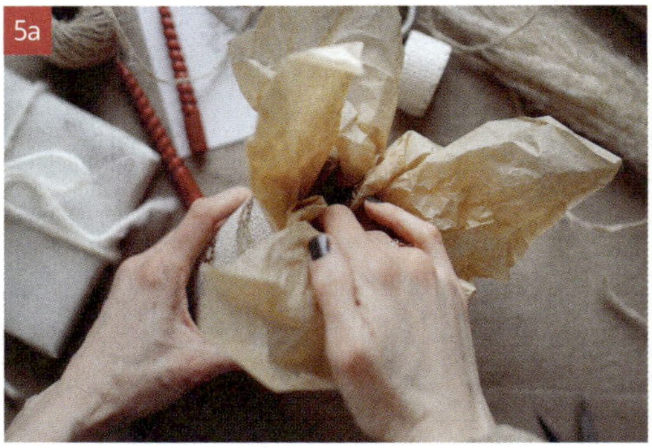
5a

1) Den Dosenrand entschärfen: Am besten mit einer Kombizange platt drücken.

2) Packpapier so zurechtschneiden, dass man die Dose damit ummanteln kann. Einen 1 cm breiten Streifen Kleber (hochkant) auf der Dose auftragen.

3) Diese dann mit dem zurechtgeschnittenen Packpapier ummanteln.

4) Washi-Tape Reihe für Reihe quer untereinander auf die ummantelte Dose kleben – dabei immer darauf achten, dass auf der »Rückseite« die Nahtstelle für alle Reihen gleich bleibt.

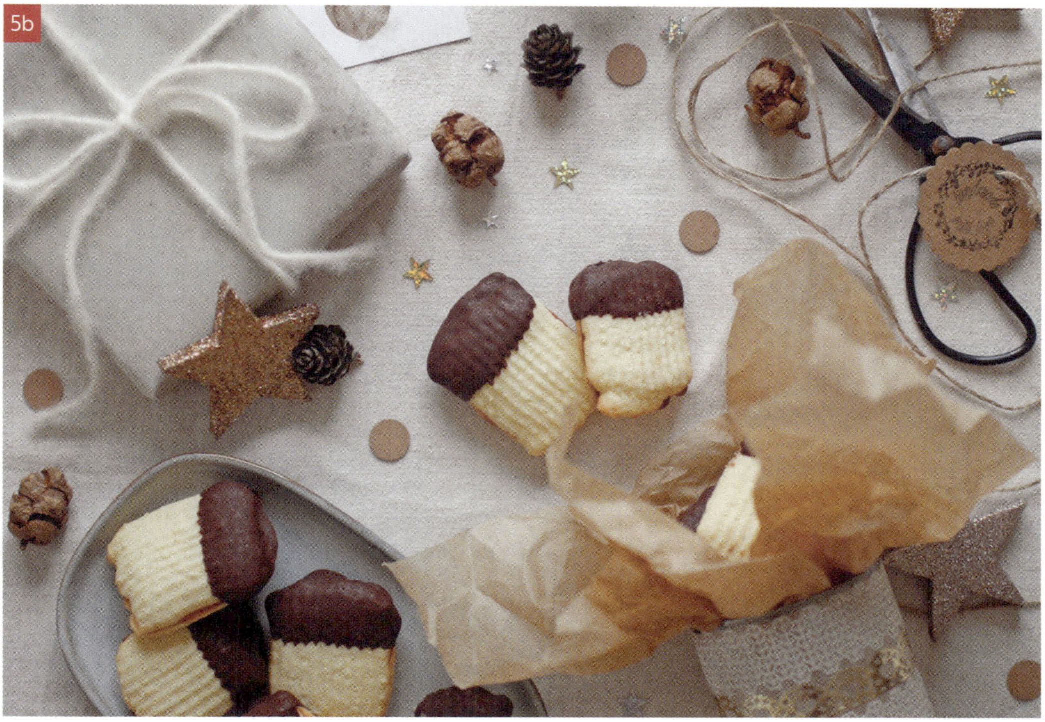

5) Die Dose mit Backpapier auslegen, dabei viel Überstand lassen, und (am besten mit selbst gebackenen Keksen) befüllen. Das überstehende Backpapier mit der Schnur zusammenfassen und verschließen. Optional ein selbstgemachtes Etikett/einen Geschenkanhänger aus Papier anfertigen und an der Juteschnur vor dem Verknoten befestigen.

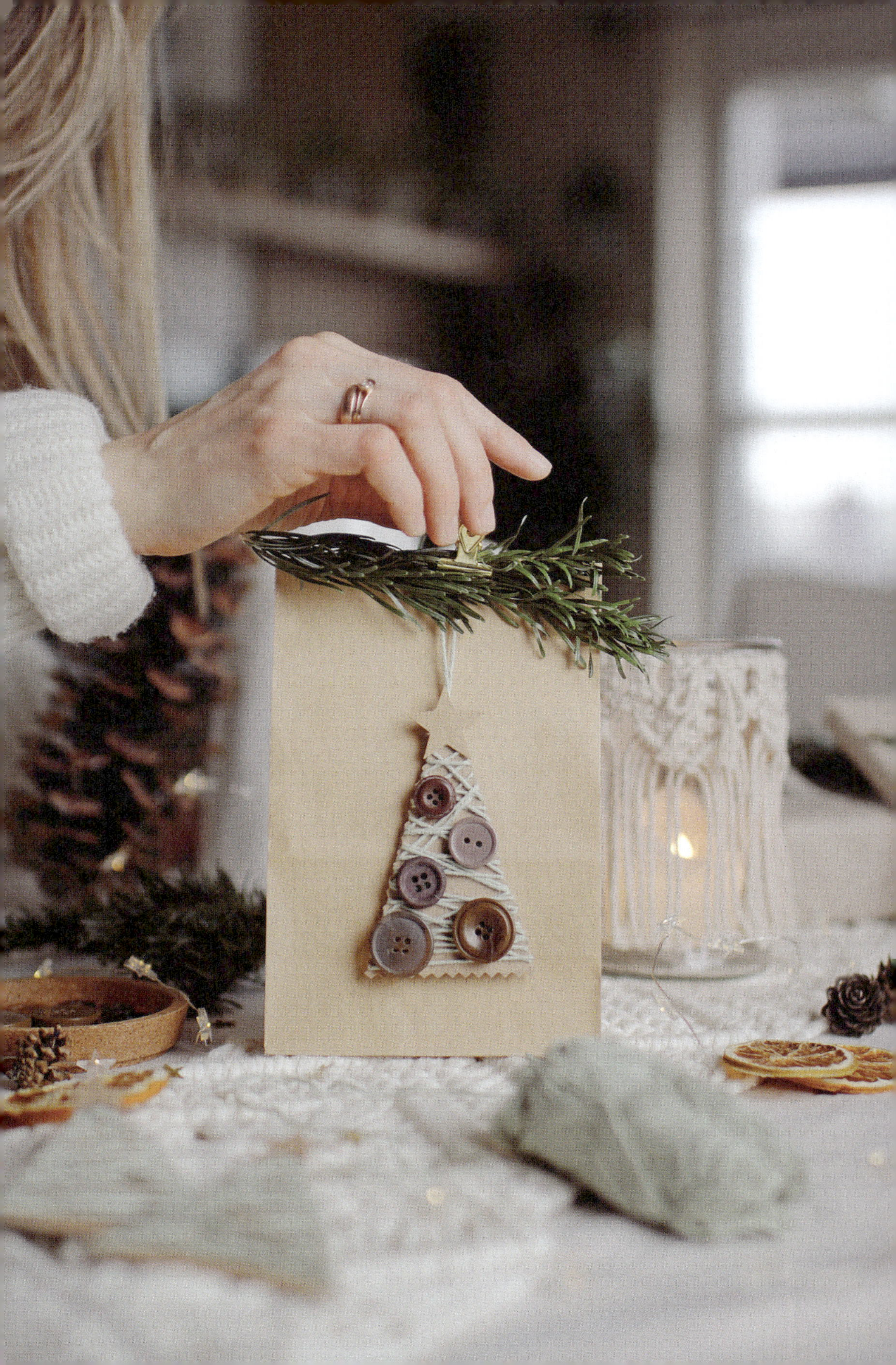

Geschenkanhänger Weihnachtsbaum

MATERIAL:

- Kraftpapier, Stärke 300 g
- Baumwollgarn in Pistazie, Garnstärke DK (3,75–4,50 mm)
- Knöpfe in verschiedenen Größen

HILFSMATERIAL:

- Vorlage/Schablone Dreieck
- Stift
- Konturenschere
- Schere
- Heißkleber

Geschenkanhänger können nicht nur bloß des Empfängers dienen, nein, vielmehr stellen sie heutzutage ein dekoratives Element dar, um das Präsent aufzuwerten. Sie können in verschiedenen Formen, Farben und Materialien selbst hergestellt werden. Eines meiner Lieblingsmotive, der Tannenbaum, hat hier seinen Auftritt. Mit den Knöpfen als Weihnachtskugeln stiehlt er aber auch allen die Show, oder?

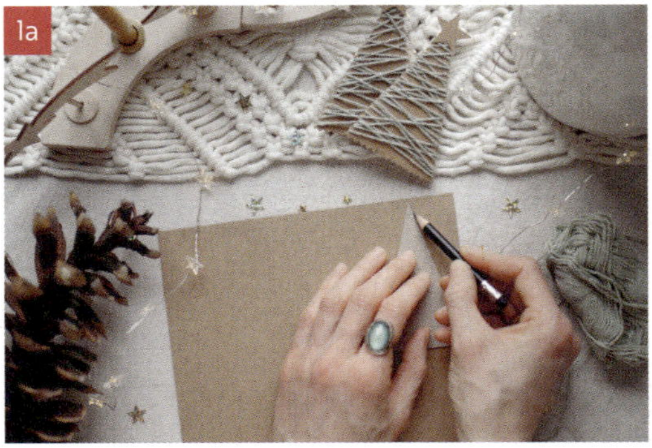

1a

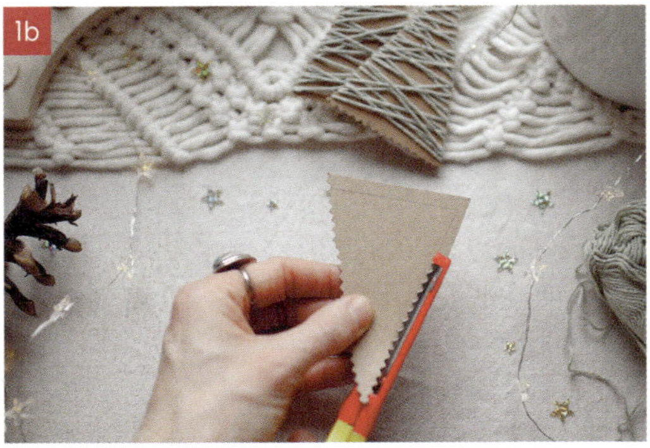

1b

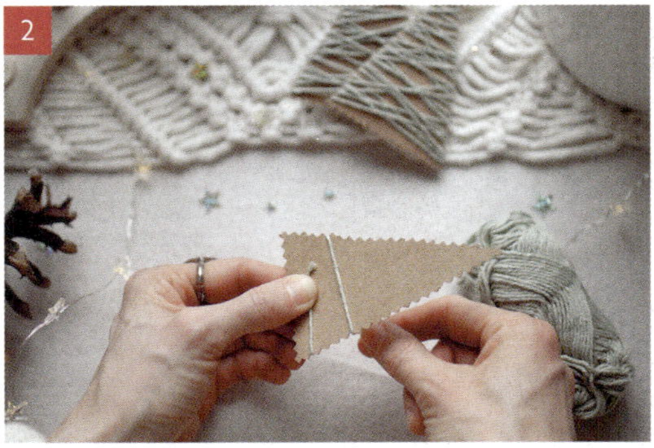

2

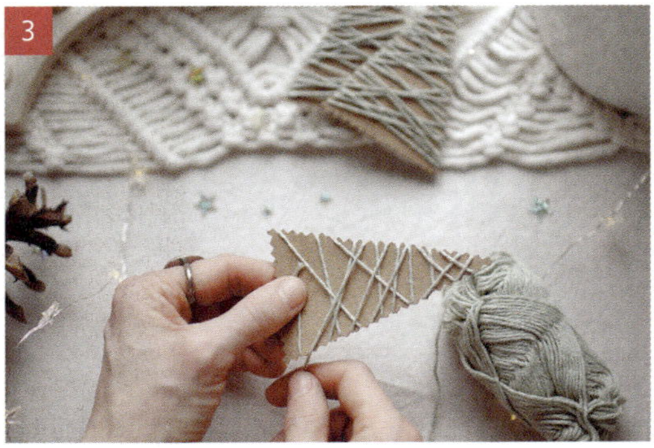

3

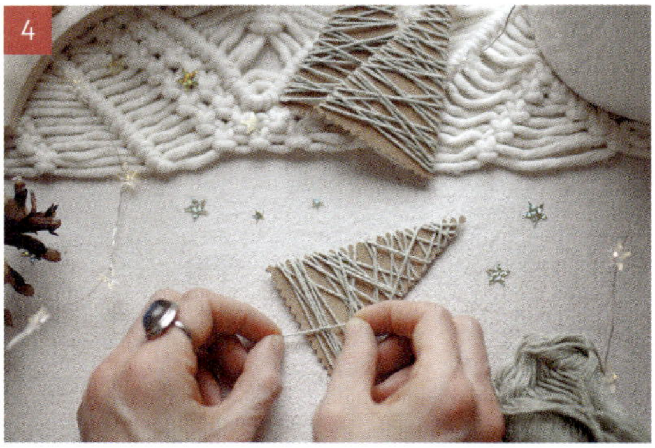

4

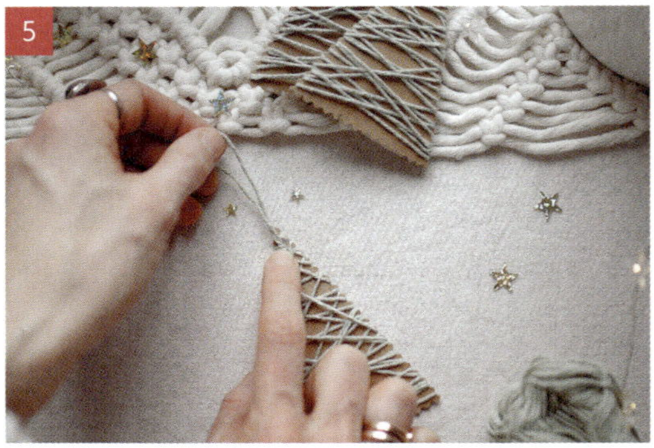

5

1) Auf Kraftpapier mithilfe der Vorlage/Schablone ein lang gezogenes Dreieck aufzeichnen und dieses mit der Konturenschere ausschneiden.

2) Damit beginnen, das Dreieck mit dem Garn zu umwickeln, dabei anfangs ca. 7 cm Garn zum finalen Verknoten zugeben und die Garnzugabe mit dem Daumen festhalten.

3) Dann das Garn rund um das Bäumchen von unten nach oben und wieder retour wickeln.

4) Zuletzt die beiden Garnenden verknoten und überschüssige Schnur abschneiden.

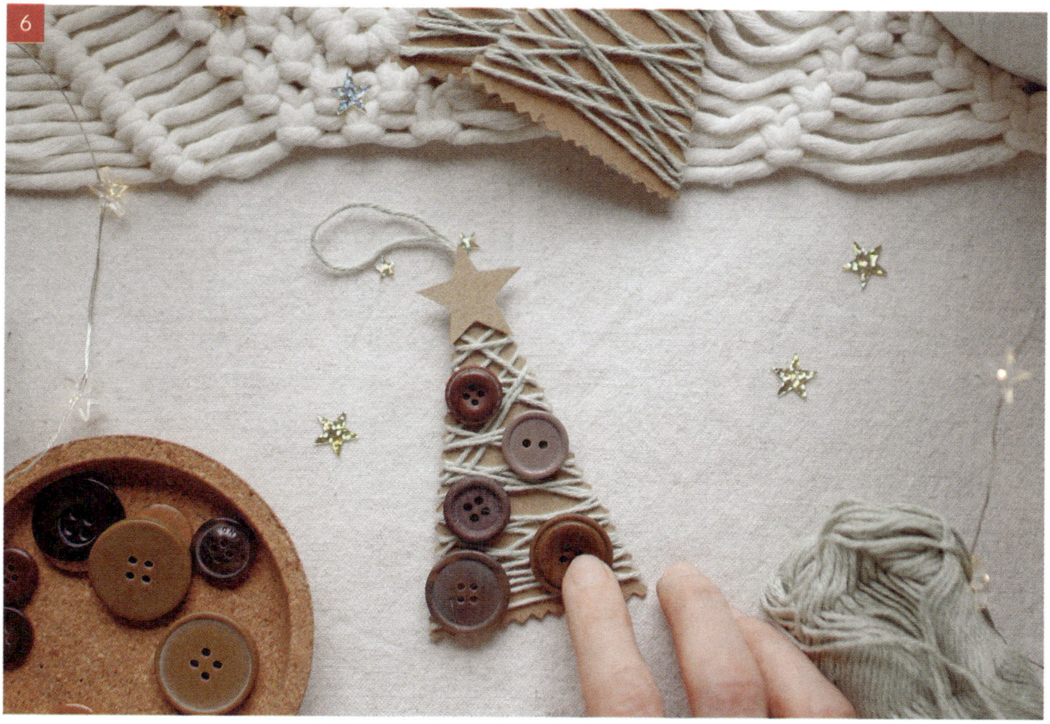

5) Eine kleine Schlaufe aus Garn binden und diese mithilfe des Klebers hinten an der Spitze des Dreiecks/ Tannenbaums anbringen.

6) Einen Stern auf das Kraftpapier aufzeichnen, ausschneiden und vorne an die Spitze und die Knöpfe als Baumschmuck aufkleben.

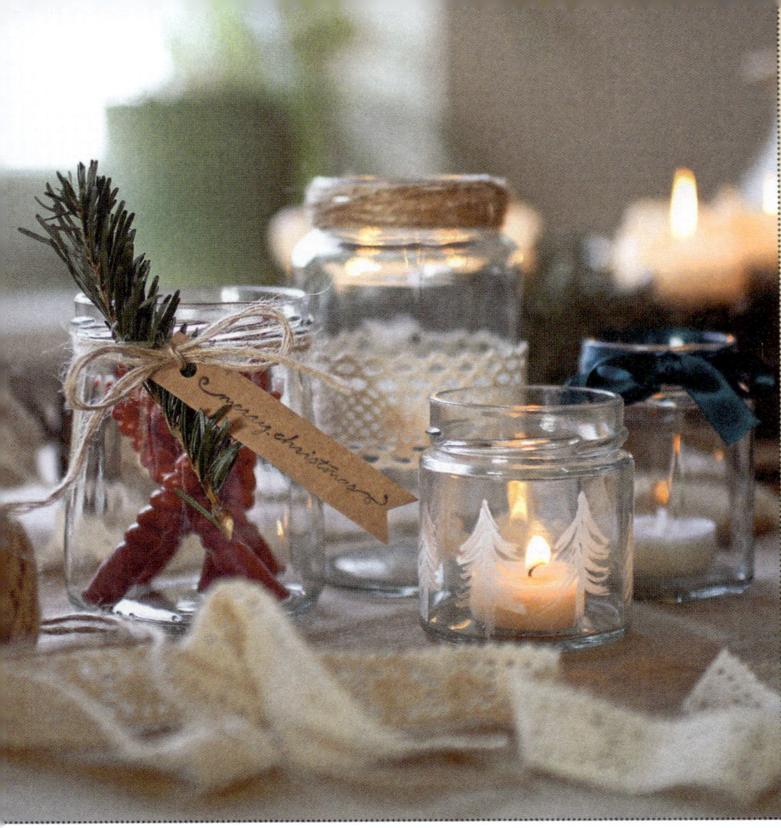

MATERIAL:

- Altglas-Schraubgläser (z. B. Marmeladengläser)
- Diverse Geschenkbänder (z. B. Satinband)
- Teelichter
- Lackmarker in Weiß
- Juteschnur
- Spitzenbordüre
- Tannenzweige
- Kraftpapier
- Kleine (Baum-)Kerzen (optional)

HILFSMATERIAL:

- Schere
- Heißkleber

Gläser-Allerlei

Altglas besitzt in meinen Augen besonders viel Potenzial in Sachen Geschenkverpackung: Die Gestaltungsmöglichkeiten sind unglaublich vielfältig und laden direkt dazu ein, kreativ zu werden! Egal ob als Behältnis für ein kleines Geschenk oder als schlichtes Windlicht – Glas kann's! Ein paar Ideen, die mir besonders gut gefallen, habe ich hier für dich zusammengetragen.

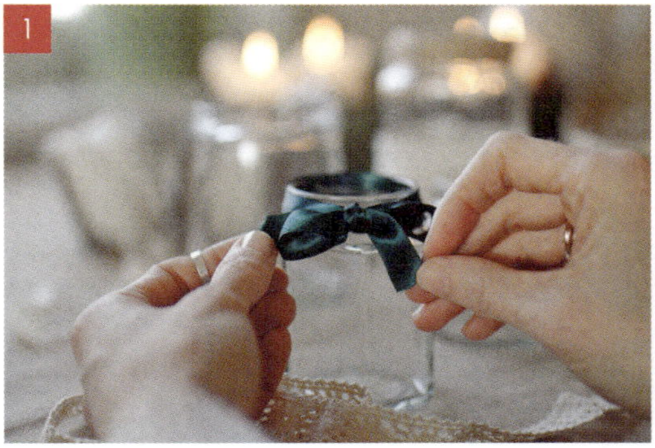

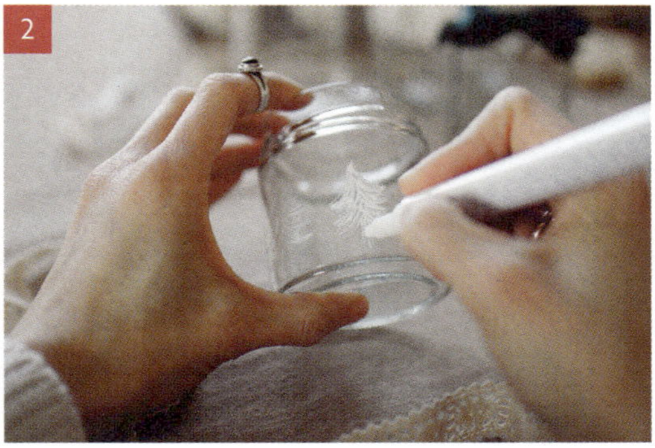

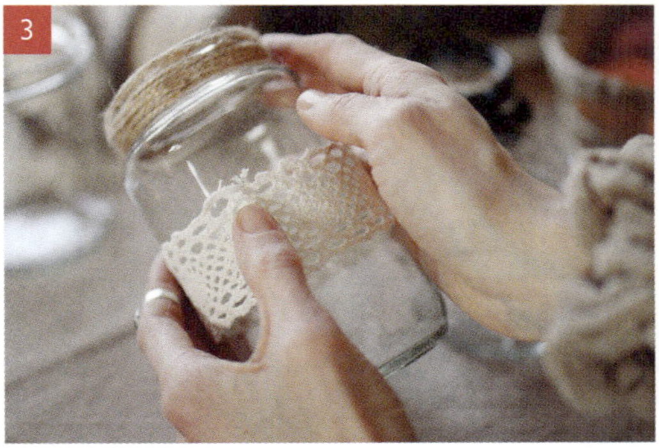

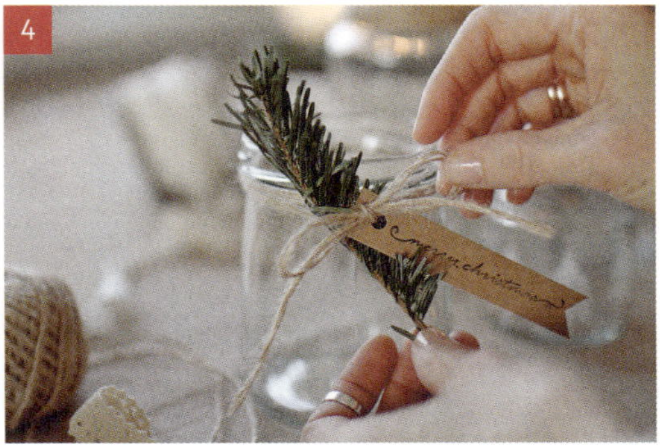

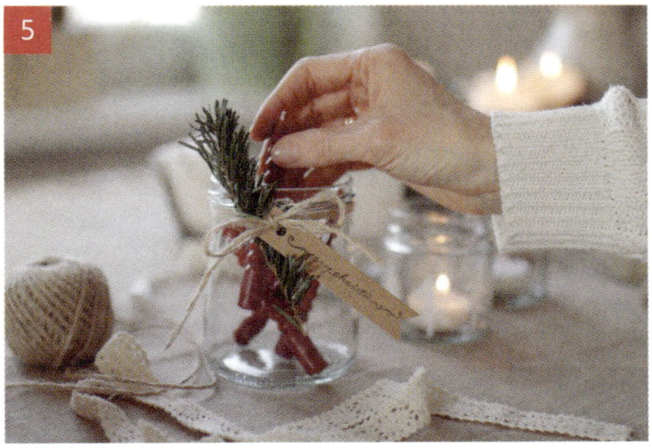

1) Mit einem um die Öffnung gebundenen Satinband wird ein simples Marmeladenglas im Nu in eine edle Geschenkverpackung oder in ein Kerzenglas für Teelichter verwandelt.

2) Mithilfe eines Lackmarkers lassen sich kleine Tannenbäume auf ein Glas aufzeichnen.

3) Ein anderes Glas bekommt dank aufgeklebter Juteschnur und Spitzenbordüre ein Upgrade.

4) Auch etwas Tannengrün, fixiert mit Juteschnur und mit einem aus Kraftpapier zurechtgeschnittenen Anhänger daran, macht eine gute Figur am Glasrand.

5) Zum Tannenzweig passend bieten sich zum Befüllen ein paar kleine Kerzen als Geschenk an.

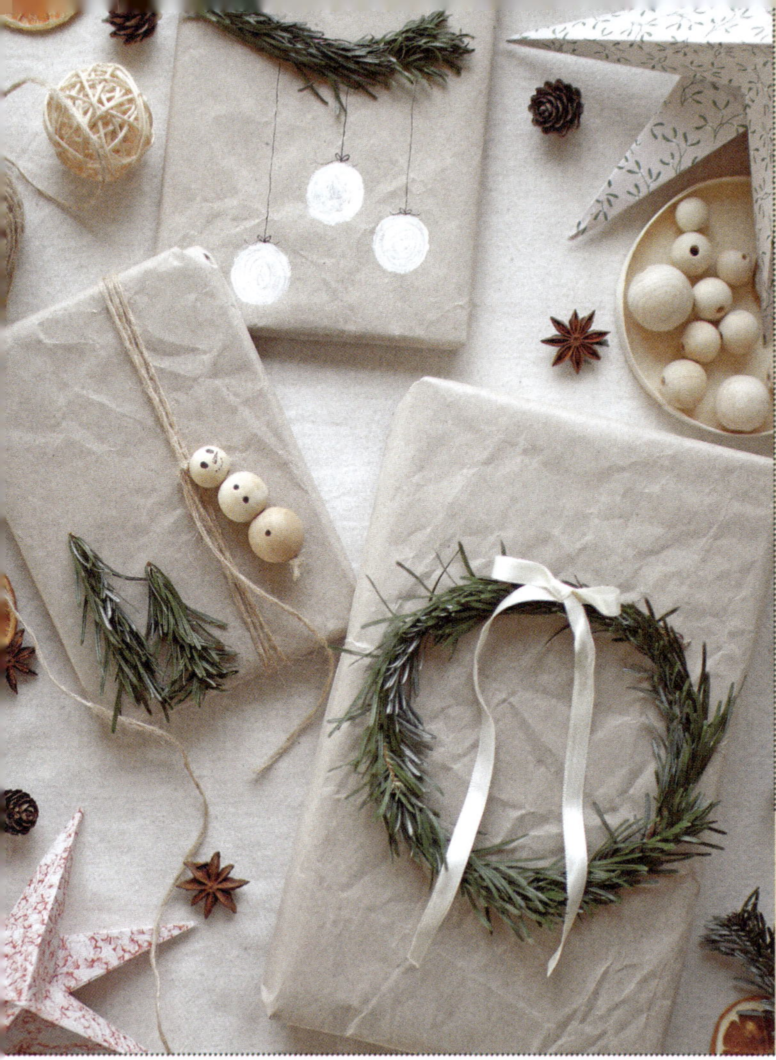

MATERIAL:

- Stopf- oder Packpapier (von Paketsendungen)
- Kleine Tannenzweige
- Finepen (z. B. von Faber-Castell, Modell: 1511 Document)
- Lackmarker in Weiß
- Satinband in Elfenbein, 10 mm breit
- 1 Holzkugel, ø 15 mm
- 1 Holzkugel, ø 20 mm
- 1 Holzkugel, ø 25 mm
- Juteschnur

HILFSMATERIAL:

- Schere
- Heißkleber
- Teller oder anderer runder Gegenstand als Schablone
- Bleistift

Kreatives Verpacken hoch drei

In Packpapier gewickelte Geschenke sind den meisten Menschen etwas zu schlicht, beziehungsweise zu langweilig. Im Handumdrehen lassen sie sich jedoch durch ein paar wenige Materialien zu echten Hinguckern aufpeppen. Drei meiner Lieblingsvarianten zeige ich dir hier.

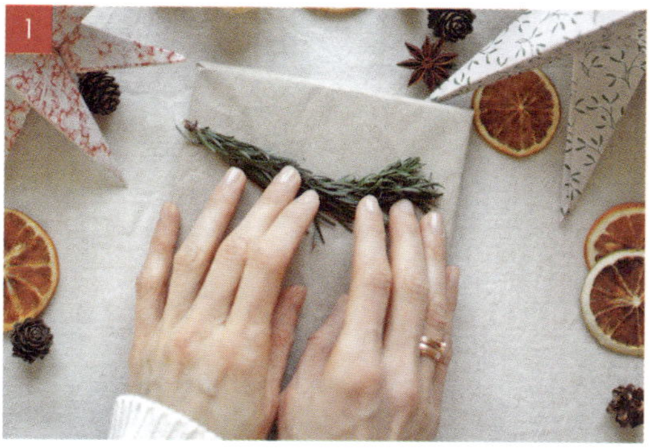

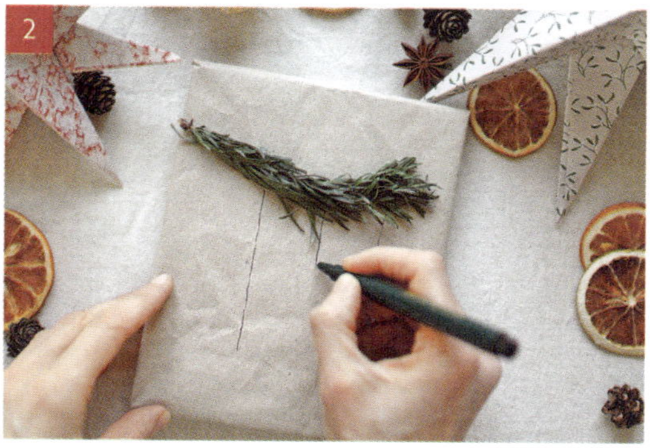

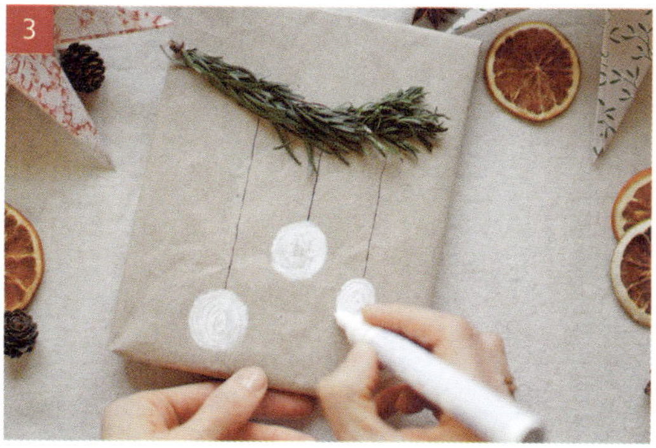

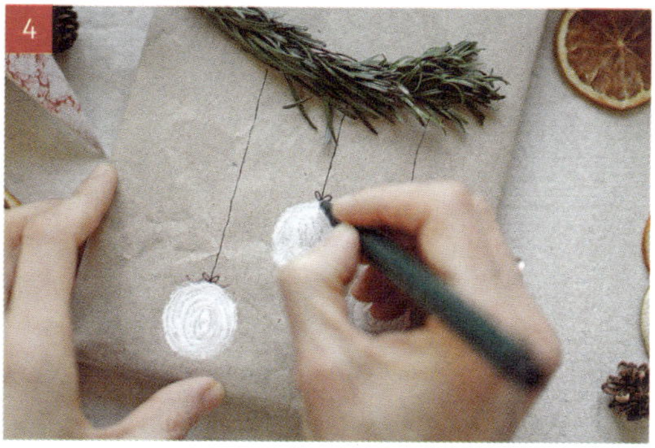

VARIANTE 1

1) Ein Geschenk mit dem Papier verpacken und oben quer einen kleinen Tannenzweig aufkleben.

2) Mit dem Finepen drei zarte Linien als Aufhängung für Weihnachtskugeln aufzeichnen.

3) Am Ende dieser Linien mit dem Lackmarker drei Weihnachtskugeln aufmalen.

4) Als verspieltes Detail bekommt jede Kugel eine kleine Schleife obendrauf gezeichnet.

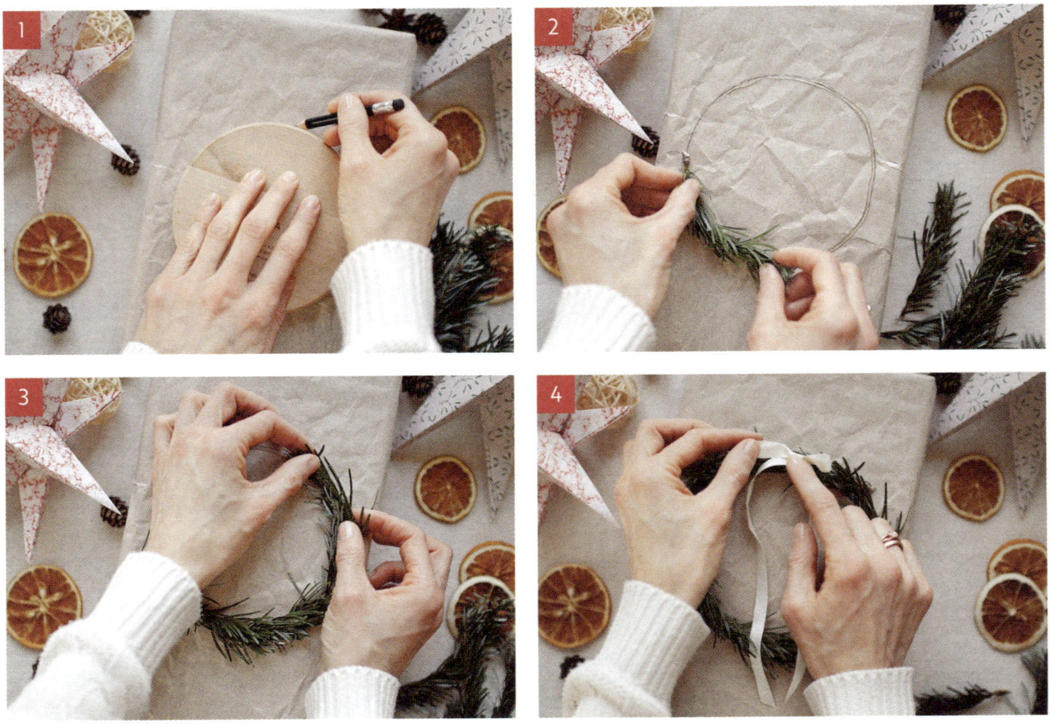

VARIANTE 2

1) Ein Geschenk mit dem Papier verpacken. Mithilfe eines Tellers oder eines anderen runden Gegenstands mit Bleistift einen Kreis auf dem Päckchen vorzeichnen.

2) Kleine Zweige vom Tannengrün entlang der Linie mit Heißkleber aufkleben.

3) Ein kleiner Kranz entsteht.

4) Zu guter Letzt eine Schleife aus Satinband oben am Kranz mit ein wenig Kleber anbringen.

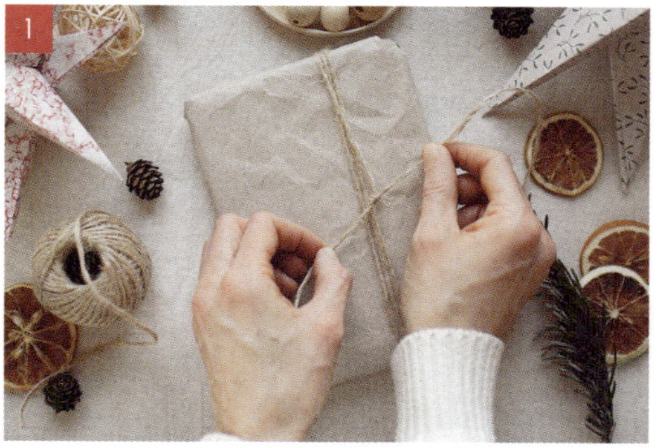

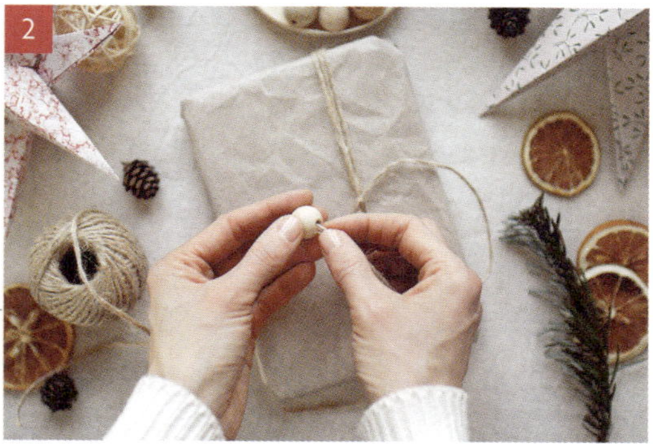

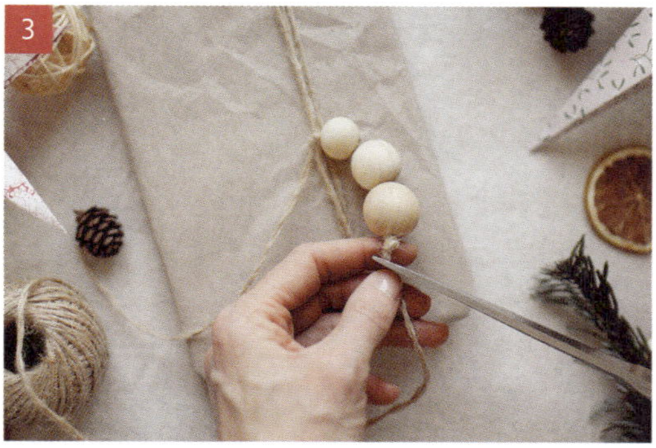

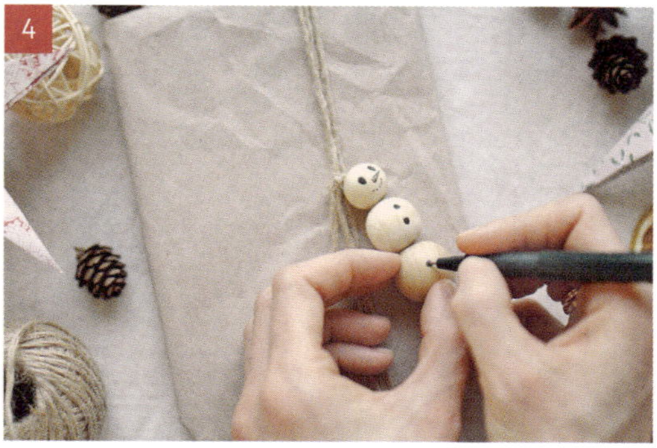

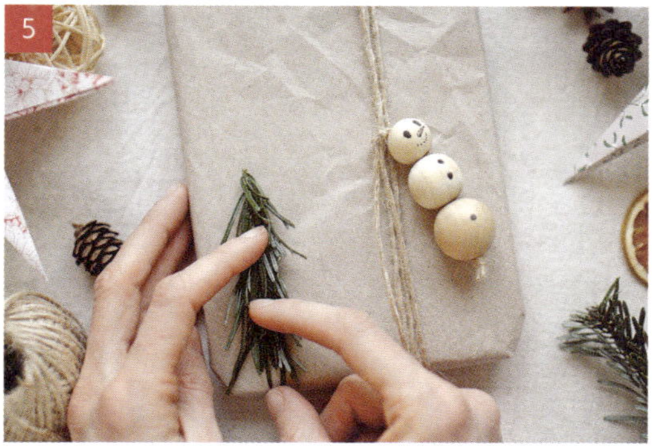

VARIANTE 3

1) Ein Geschenk mit dem Papier verpacken. Mit Juteschnur dreimal umwickeln und vorne einen Knoten binden, dabei reichlich Schnur zugeben.

2) Für einen Schneemann am Ende einer der beiden zugegebenen Schnüre die drei Holzkugeln auffädeln, dabei mit dem kleinsten Durchmesser beginnen.

3) Nach der dritten Kugel einen Knoten machen und die überschüssige Schnur abschneiden.

4) Dem hölzernen Schneemann mit dem Finepen Augen, Karottennase und Knöpfe am Bauch aufzeichnen.

5) Seitlich neben dem Schneemann auf dem Päckchen zwei Tannenzweige als Bäumchen aufkleben.

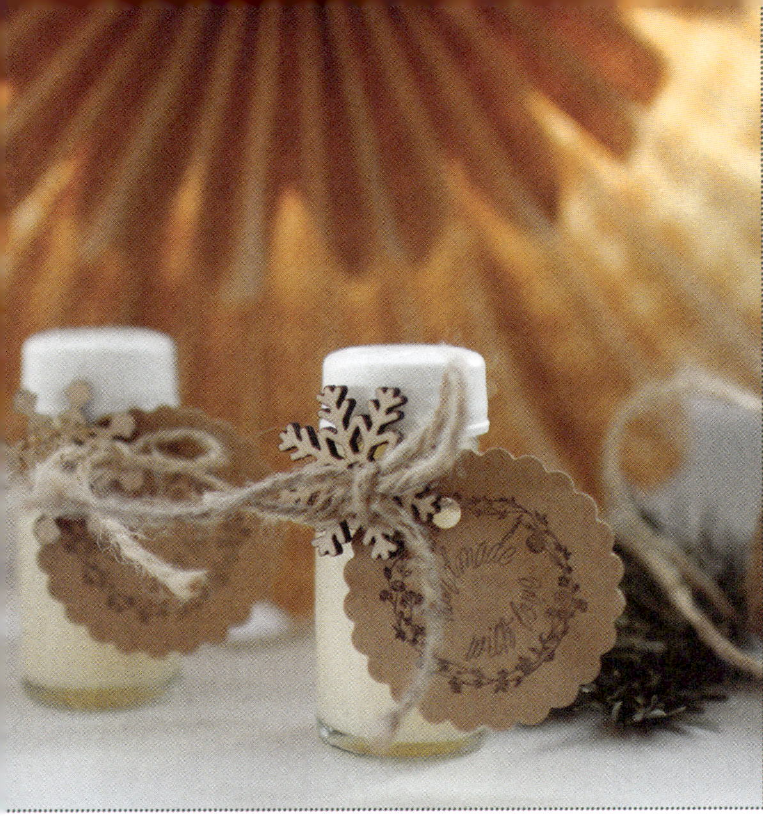

MATERIAL:

- Kraftpapier
- Kleine Altglas-Fläschchen (z. B. von einem Ingwershot)
- Juteschnur
- Streudeko aus Holz

HILFSMATERIAL:

- Motivstanzer, ø 5 cm (ich habe einen mit Zierrand bevorzugt)
- Stempel mit passendem Motiv
- Stempelkissen
- Stift
- Trichter
- Locher
- Schere

Fläschchen neu befüllt

Nachhaltiger Genuss: Upcycling von Flaschen, am besten mit hausgemachten Leckereien aus der Küche. Ich kenne kaum jemanden, der sich nicht für kulinarische Geschenke begeistert. Bei uns freut sich die Familie zum Beispiel einfach immer über den selbst gemachten Eierlikör nach dem Rezept meiner Oma. Aber auch zahlreiche andere Köstlichkeiten, wie Sirup, Chutney, Pesto, Marmelade oder Kräutersalz, kommen – vor allem in diesen DIY-Fläschchen – gut an.

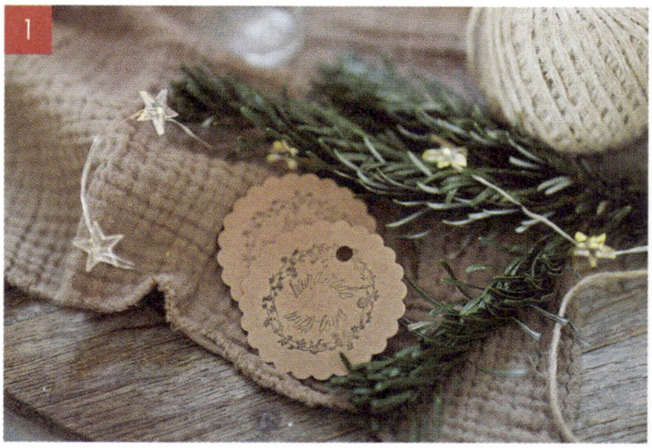

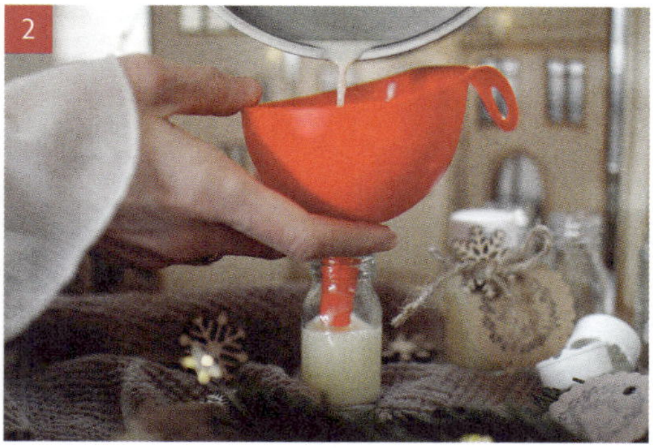

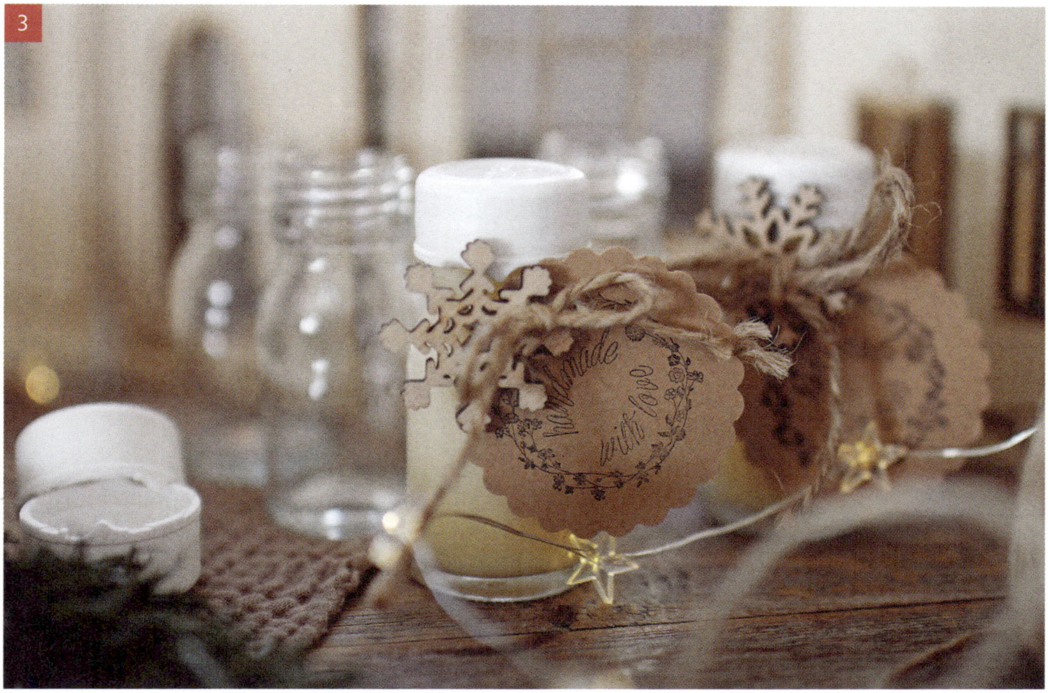

1) Anhänger aus Kraftpapier stanzen. Die Anhänger mit einem beliebigen Stempelaufdruck versehen oder eine kleine Botschaft darauf verfassen.

2) Die jeweilige Leckerei, z. B. Eierlikör, Sirup etc., vorsichtig mithilfe eines Trichters in die Fläschchen füllen.

3) Die Anhänger lochen und jeweils auf ein Stück Juteschnur fädeln. Die Fläschchen damit und der Streudeko dekorieren.

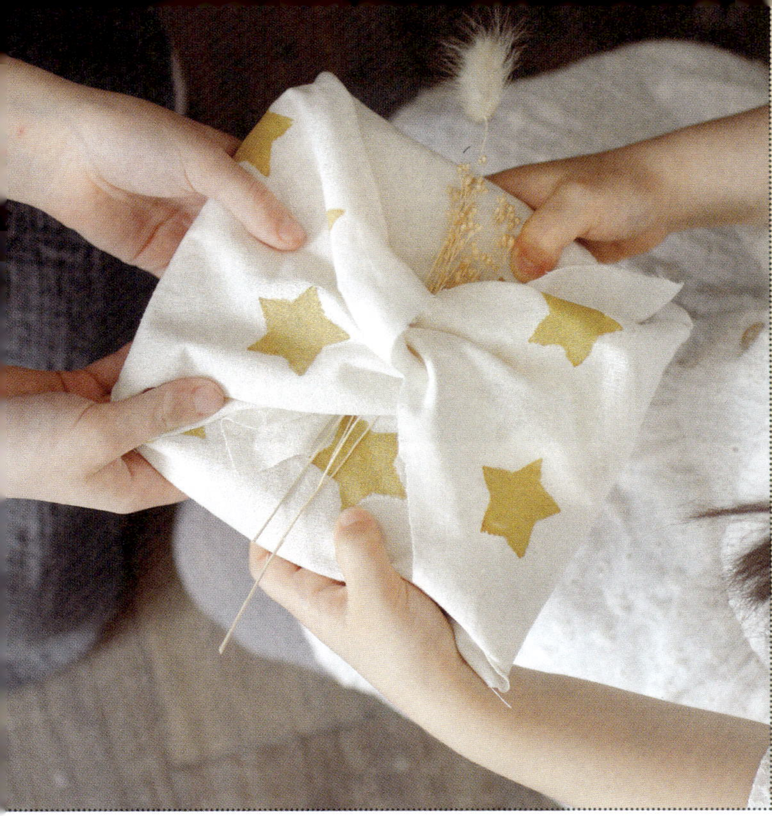

MATERIAL:

- Pappe
- Stoffreste deiner Wahl
- Textilfarbe deiner Wahl (ich habe hier ein Ockergelb gewählt)

HILFSMATERIAL:

- Vorlage/Schablone Stern
- Bleistift
- Stenleymesser
- Schwämmchen

Geschenkpapier aus Stoff

Eine weitere Möglichkeit, einen nachhaltigen Beitrag zu leisten, stellt die Verwendung von Stoffresten zur Herstellung einer Geschenkverpackung dar. Das ist eine wunderbare Alternative zu Einwegverpackungen, da die Stoffe wiederverwendbar, langlebig und umweltfreundlich sind. Bei uns kommen oftmals alte Vorhänge oder Stoffwindeln unter die Schere, die dann je nach Anlass noch etwas aufgepeppt werden. Für dich habe ich hier eine schnell gemachte, weihnachtliche Idee in petto, für die es auch gar nicht viele Zutaten braucht!

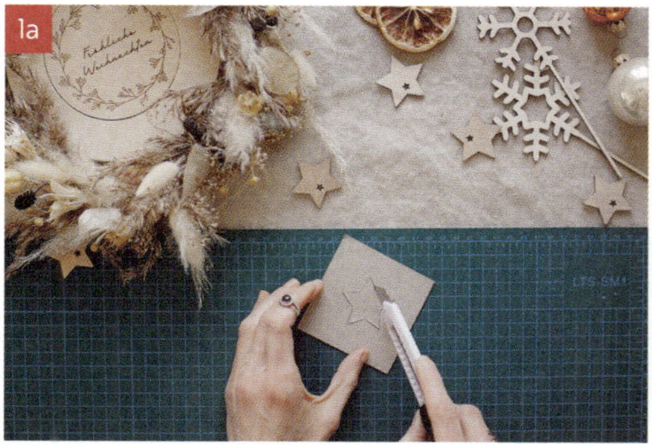
1a

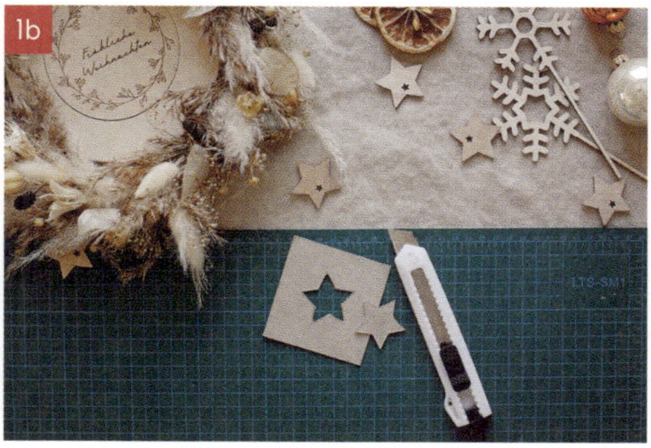
1b

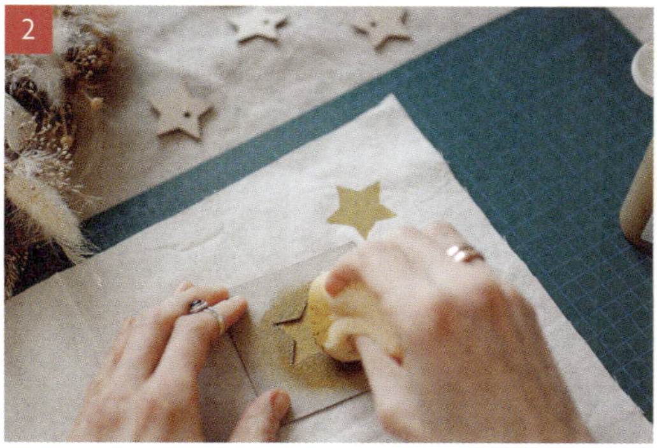
2

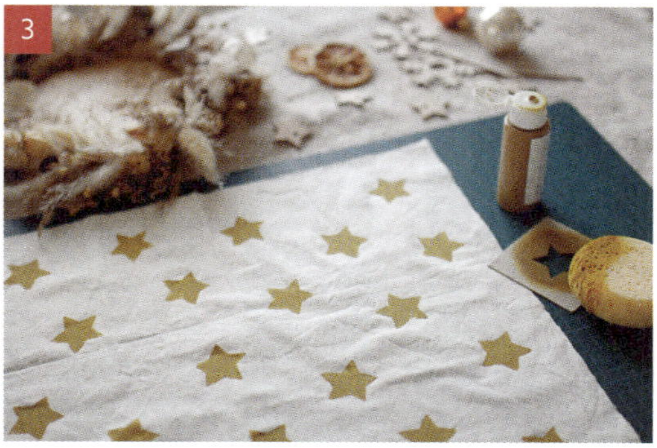
3

1) Mithilfe der Vorlage/Schablone einen Stern mittig auf ein viereckiges Stück Pappe aufzeichnen, dabei einen großzügigen Rand frei lassen und den Stern mit dem Stenleymesser sauber ausschneiden.

2) Die somit angefertigte Schablone auf dem Stoff auflegen und gut festhalten, damit nichts verrutscht. Die Textilfarbe vorsichtig mit einem Schwämmchen auftupfen.

3) Die Anordnung und Dichte der Sterne ist frei wählbar. Den Stoff gut trocknen lassen – danach ist er direkt einsatzbereit!

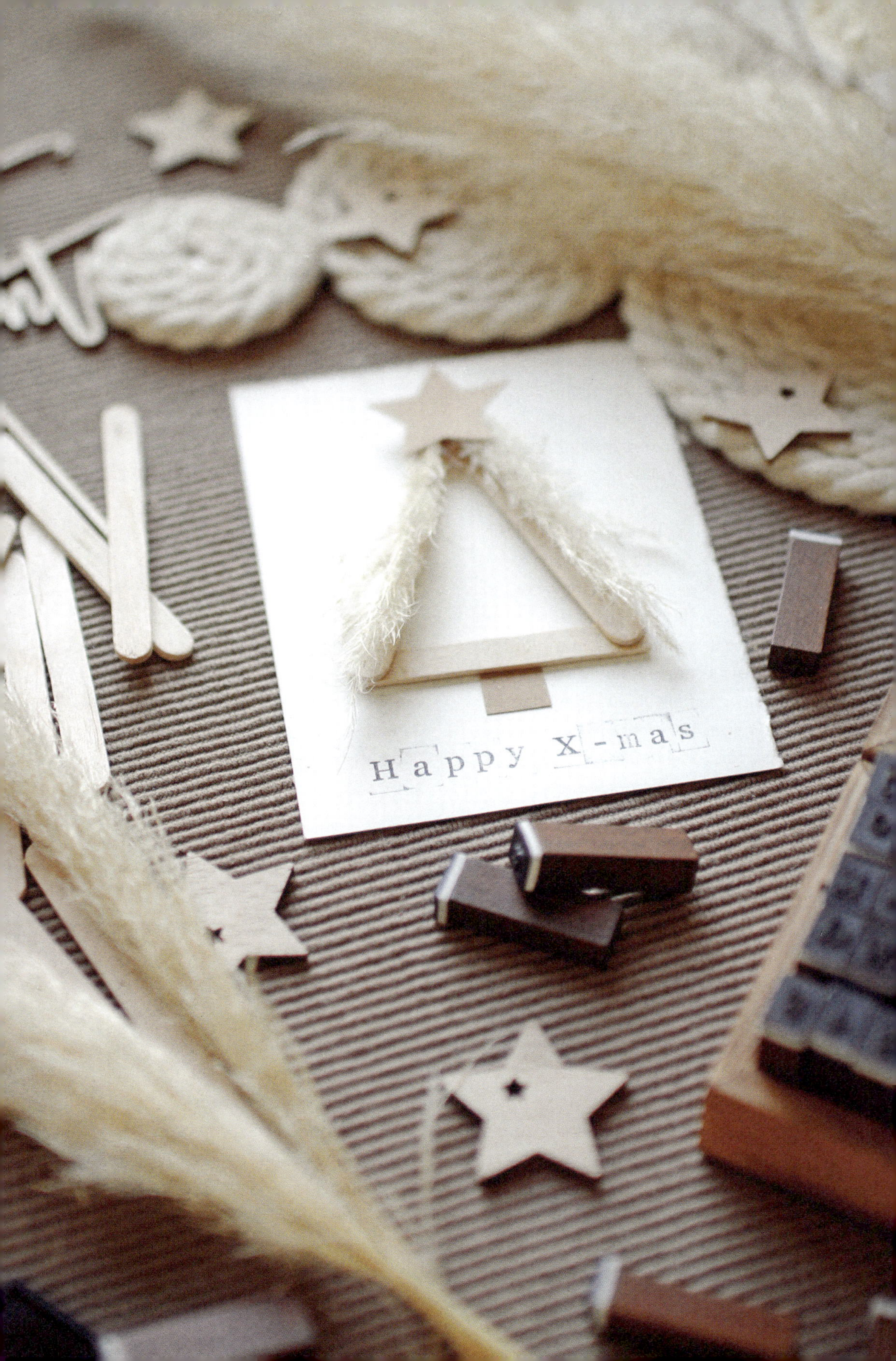
Happy X-mas

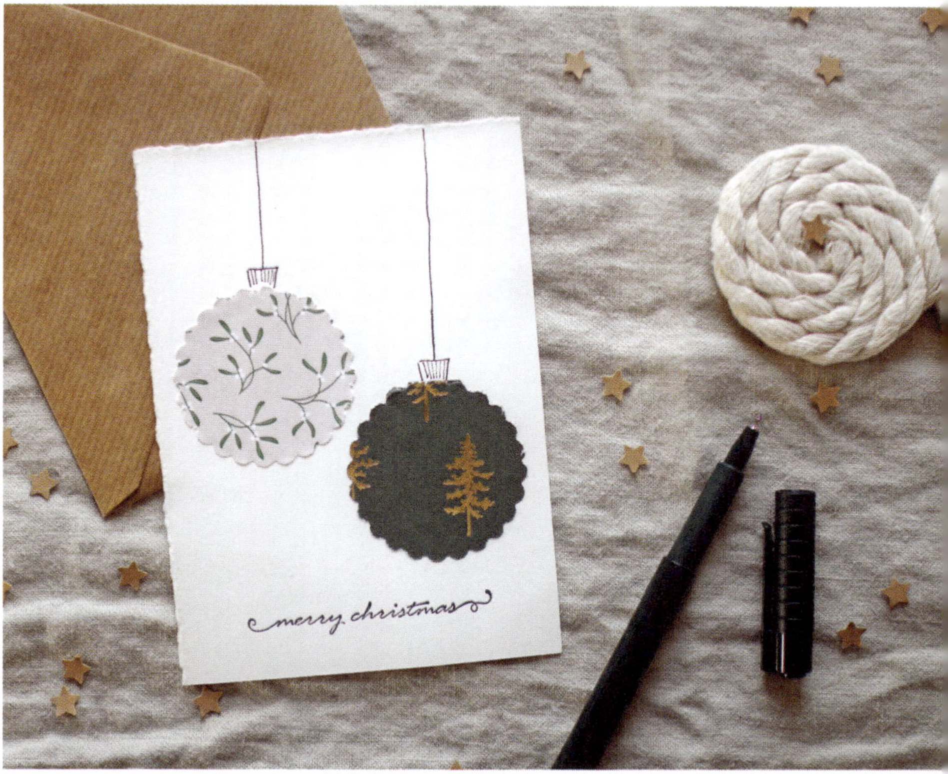

Weihnachtsgrußkarten

Selbst gemachte Grußkarten zu Weihnachten sind eine wertvolle und bedeutungsvolle Art, unsere Wünsche und Gedanken in dieser Zeit zu teilen. Durch ihre persönliche Note, kreative Gestaltung, Individualität und Nachhaltigkeit verleihen sie guten Wünschen eine ganz besondere Bedeutung. Nutze ein paar ruhige Stunden, um deine künstlerische Seite zu entfalten, ganz in deinen Projekten aufzublühen und deine Liebe und Wertschätzung durch handgefertigte Karten zum Ausdruck zu bringen. Bevor wir gemeinsam kreativ werden, hier die Pluspunkte in der Übersicht:

✶ Allem voran steht die Wertschätzung, die man mit so einem Gruß zeigt. Über ein paar persönliche, handschriftliche Zeilen freut sich doch jeder, oder? Vor allem in der heutigen Zeit, wo meist nur noch eine kurze SMS oder E-Mails verschickt werden, sind Karten, die auf altmodischem Wege mit der Post kommen, etwas ganz Besonderes und Seltenes geworden. Wenn sie dann auch noch selbst gebastelt sind, ist das an sich schon ein zauberhaftes Präsent: von Herzen gestaltet – denn das größte Geschenk, das wir jemandem machen können, ist, ihm unsere Zeit und Aufmerksamkeit zu widmen.

✶ Ein weiterer großer Vorteil von DIY-Grußkarten liegt in ihrem persönlichen Charakter. Wenn du sie selbst gestaltest, hast du die Möglichkeit, individuelle Worte, Gedichte oder Botschaften einzufügen, die von Herzen kommen. Mit ihnen kannst du private Geschichten erzählen, besondere Erinnerungen teilen oder einfach Liebe und Wertschätzung zum Ausdruck bringen. Sie vermitteln eine persönliche Verbindung, die bei vorgefertigten Karten oft fehlt.

✶ Darüber hinaus haben Weihnachtskarten auch eine symbolische Bedeutung. Sie sind ein Zeichen von Frieden, Freundschaft und Mitgefühl. Gerade in einer Zeit, in der wir oft mit stressigen Alltagsproblemen konfrontiert werden, kann der Empfang eines solchen selbst gebastelten Grußes ein schöner

Moment sein, der uns daran erinnert, was im Leben wirklich wichtig ist.

✶ Das Gestalten der Karten ist unglaublich vielfältig! So kannst du unter anderem aus Techniken wie zum Beispiel Zeichnen, Malen, Schneiden, Kleben, Stempeln oder Prägen wählen. Experimentiere mit verschiedenen Materialien wie Papier, Stoff, Bändern oder kleinen Verzierungen, um immer wieder andere Effekte zu erzielen. Deine Karten können zu kleinen Kunstwerken werden, die die Empfänger beeindrucken und erfreuen werden.

✶ Jede Karte ist einzigartig in ihrer Gestaltung, Farbgebung und Ausdrucksform und stellt daher ein Unikat da. Indem du sie selbst kreierst, kannst du sicherstellen, dass sie speziell auf den Empfänger zugeschnitten ist. Berücksichtige seine Interessen, Vorlieben und Persönlichkeit, um eine maßgeschneiderte Karte zu gestalten, die zeigt, wie gut du den Empfänger kennst und schätzt.

✶ Der Einsatz von selbst gebastelten Weihnachtsgrußkarten stellt eine nachhaltige Alternative zu vorgefertigten dar, die obendrein meist auch noch unnötigerweise in Plastik verpackt sind. Indem wir wiederverwendbare Materialien oder recyceltes Papier verwenden, können wir Abfall reduzieren und zur Schonung der Umwelt beitragen. DIY-Karten sind nicht nur umweltfreundlich, sondern auch ein bewusster Ausdruck unseres Engagements für Nachhaltigkeit.

✶ Und falls du doch einmal noch etwas dazu kaufen musst: Unterstütze durch den Kauf von Materialien Kunsthandwerker oder kleine Unternehmen aus der Region, die lokale Wirtschaft und das Handwerk.

✶ Lade Familie oder Freunde ein, um zusammen Karten zu gestalten und Zeit miteinander zu verbringen. Das gemeinsame Basteln schafft eine besondere Atmosphäre der Verbundenheit und Freude.

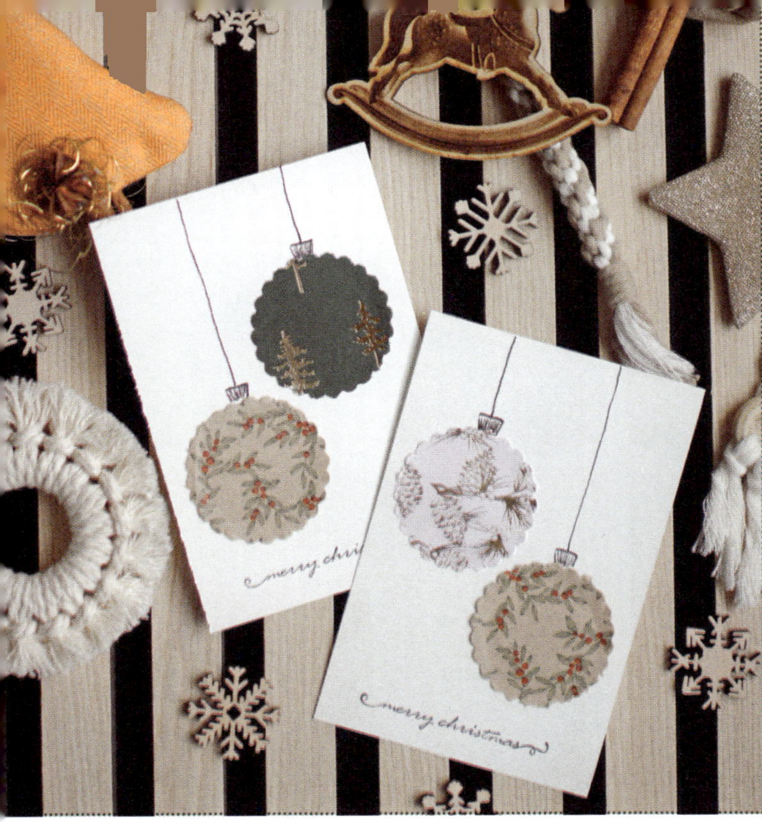

MATERIAL:

- Geschenkpapier-Reste
- Weißes, dickeres Papier (hier wurden Reste aus einem Zeichenblock der Stärke 224 g/m² verwendet)
- Klebestift
- Finepen (z. B. von Faber-Castell, Modell: 1511 Document

HILFSMITTEL:

- Motivstanzer, ø 5 cm (ich habe einen mit Zierrand bevorzugt)
- Stempel mit weihnachtlichem Gruß/Motiv (z. B. »Merry Christmas«)
- Stempelkissen

Grußkarte mit ausgestanzten Weihnachtskugeln

Grußkarten zu Weihnachten haben für viele Menschen eine besondere Bedeutung. Sie sind eine Möglichkeit, Freunden, Familienmitgliedern und Kollegen zu zeigen, dass man an sie denkt und sie wertschätzt. Oftmals werden darauf persönliche Grüße und Wünsche für die Feiertage und das kommende Jahr ausgedrückt. Die Idee mit den ausgestanzten Kugeln kam mir vor ein paar Jahren in den Sinn, als ich auf der Suche nach einer schnellen Kartenvariante war, die auch noch riesengroßen Spaß macht. Ein Hoch auf Motivstanzer!

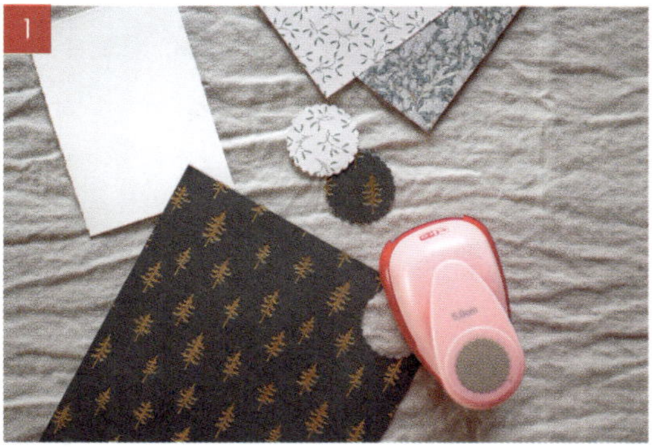

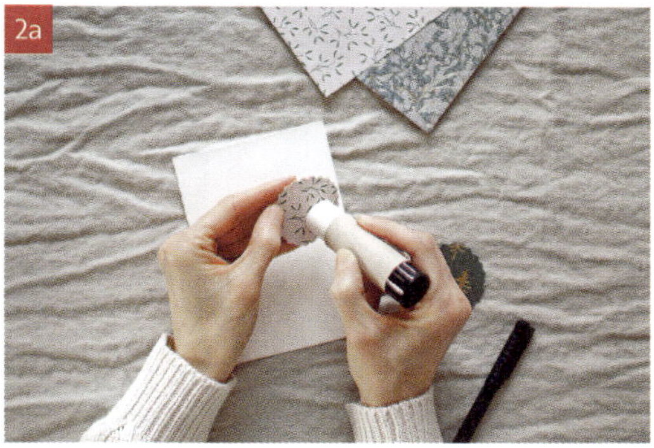

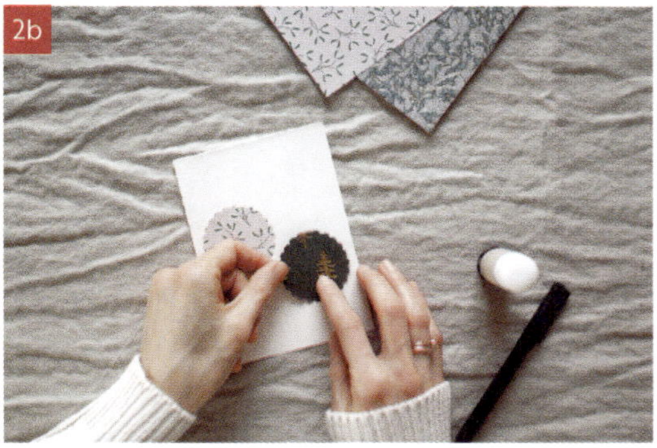

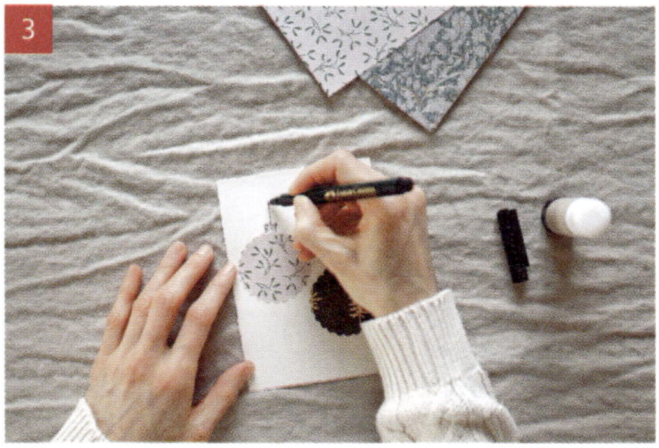

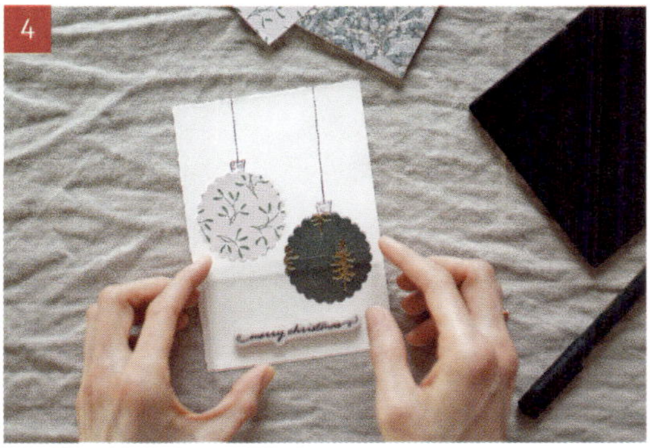

1) Mit dem Stanzer Kugeln aus Geschenkpapier-Resten ausstanzen.

2) Aus dem dicken Papier Karten zurechtreißen (nicht zuschneiden). Durch das Reißen entsteht ein toller Rand, den ich persönlich viel schöner finde als glatte Kanten. Das Format der Karten ist beliebig wählbar. Die Kugeln nun auf die Karten kleben.

3) Anschließend die »Hütchen« der Weihnachtskugeln und die Schnur, an der sie hängen, mit einem Finepen aufzeichnen.

4) Zu guter Letzt rundet ein Gruß/Motiv-Stempelaufdruck das Gesamtbild ab – und schon kannst du auf der Rückseite ein paar persönliche Zeilen verfassen!

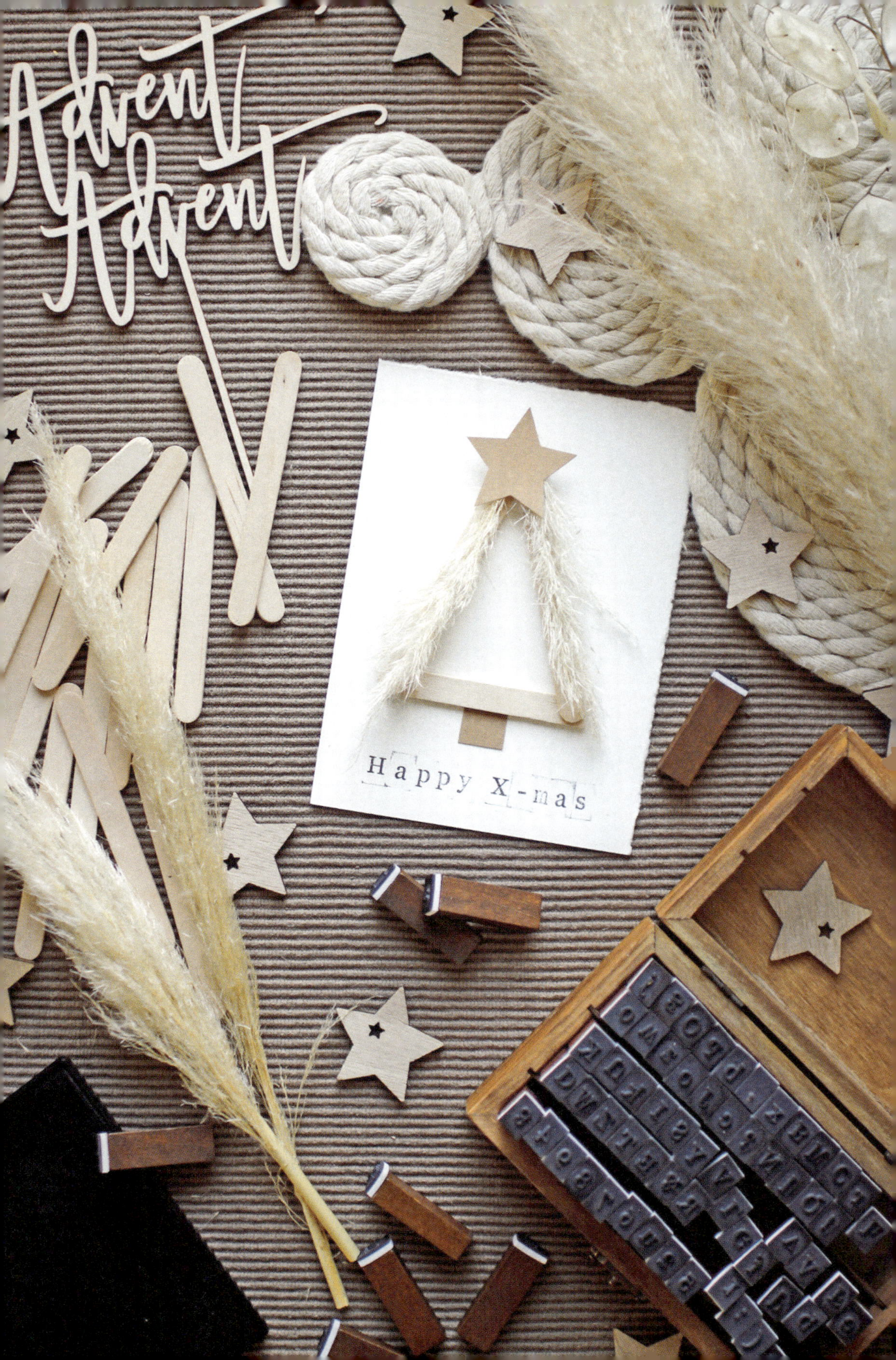
Advent Advent
Happy X-mas

Grußkarte mit Tannenbäumchen aus Eisstielen

MATERIAL:

- Eisstiele
- Weißes, dickeres Papier (hier wurden Reste aus einem Zeichenblock der Stärke 224 g/m² verwendet)
- Pampasgras
- Bastelkarton in Braun
- Dekomaterial nach Wahl (optional)

HILFSMITTEL:

- Kleber
- Schere
- Alphabet-Stempel-Set
- Stempelkissen

Die Gestaltung und das Schreiben von Weihnachtskarten kann als eine Art kreativer Ausdruck und als Möglichkeit zur Entspannung und Besinnung auf die Weihnachtszeit empfunden werden.

Genau das habe ich bei diesem Projekt spürbar gemerkt – es war beinahe meditativ, die kleinen Tannenbäumchen zu kreieren und zu dekorieren. Ich hoffe, es wird dir genauso viel Spaß und Freude bereiten …

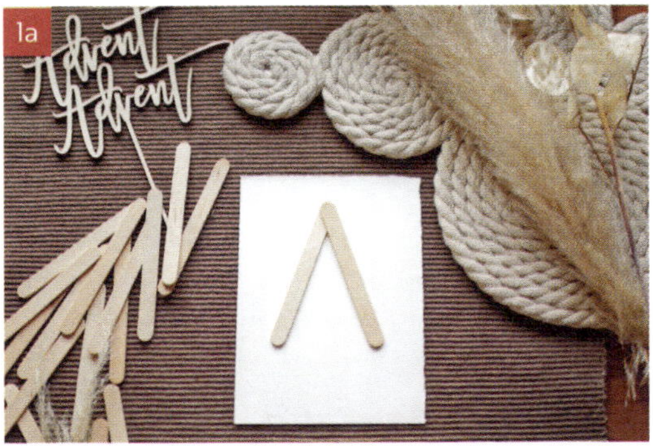
1a

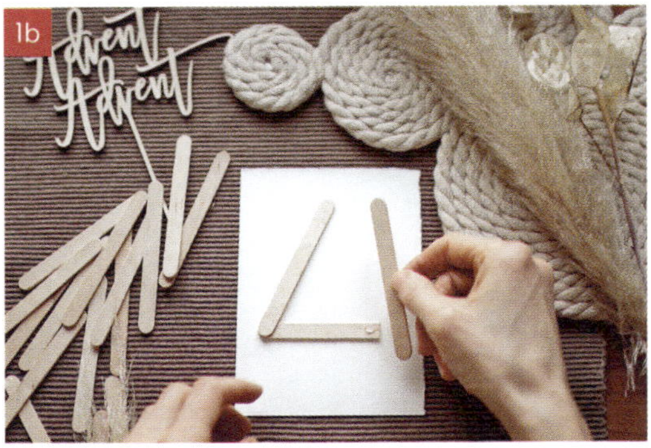
1b

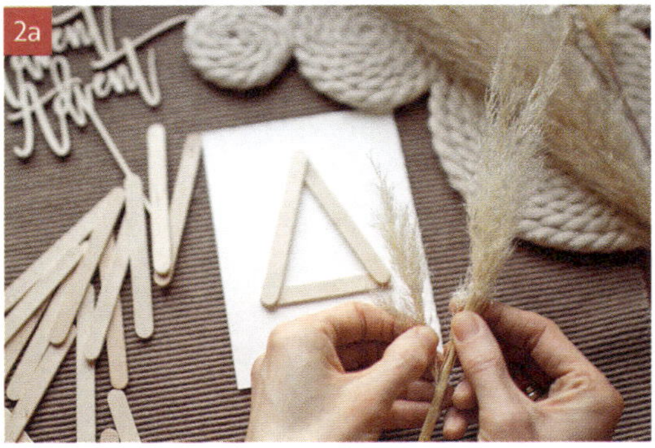
2a

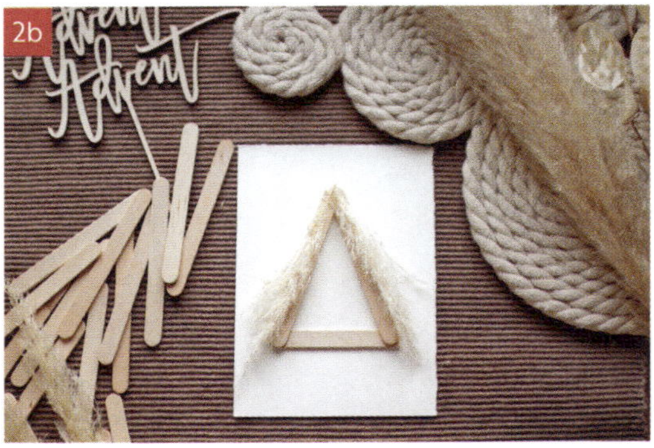
2b

1) Aus dem dicken Papier Karten zurechtreißen (nicht zuschneiden). Durch das Reißen entsteht ein toller Rand, den ich persönlich viel schöner finde als glatte Kanten. Das Format der Karten ist beliebig wählbar. Wie auf dem Bild zu sehen aus jeweils drei Eisstielen ein Tannenbaumgerüst legen und zusammenkleben. . Jeweils einen Tannenbaum auf einer Karte festkleben.

2) Das Pampasgras in kleine Zweige teilen. Diese mit etwas Kleber von der Spitze des Tannenbaumgerüsts beginnend auf den Eisstielen anbringen.

3) Danach jeweils einen kleinen Stern und Baumstamm aus braunem Bastelkarton ausschneiden und diese am Gerüst fixieren.

4) Mit den Buchstaben einen weihnachtlichen Gruß am unteren Ende der Karte aufstempeln.

5) Es gibt viele weitere Möglichkeiten, das Tannenbäumchen zu schmücken – bei uns kamen zum Beispiel als weiteres Dekomaterial kleine Holzperlen und Filzkugeln zum Einsatz. Aber auch mit Knöpfen, ausgestanzten Punkten oder Trockenblumen lassen sich wunderschöne Interpretationen gestalten.

3

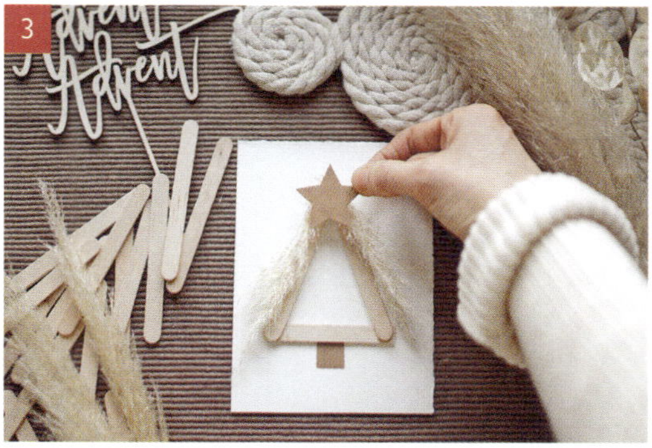

4

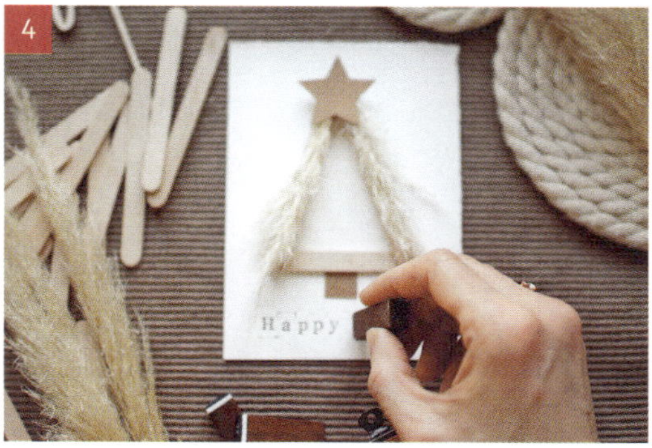

5

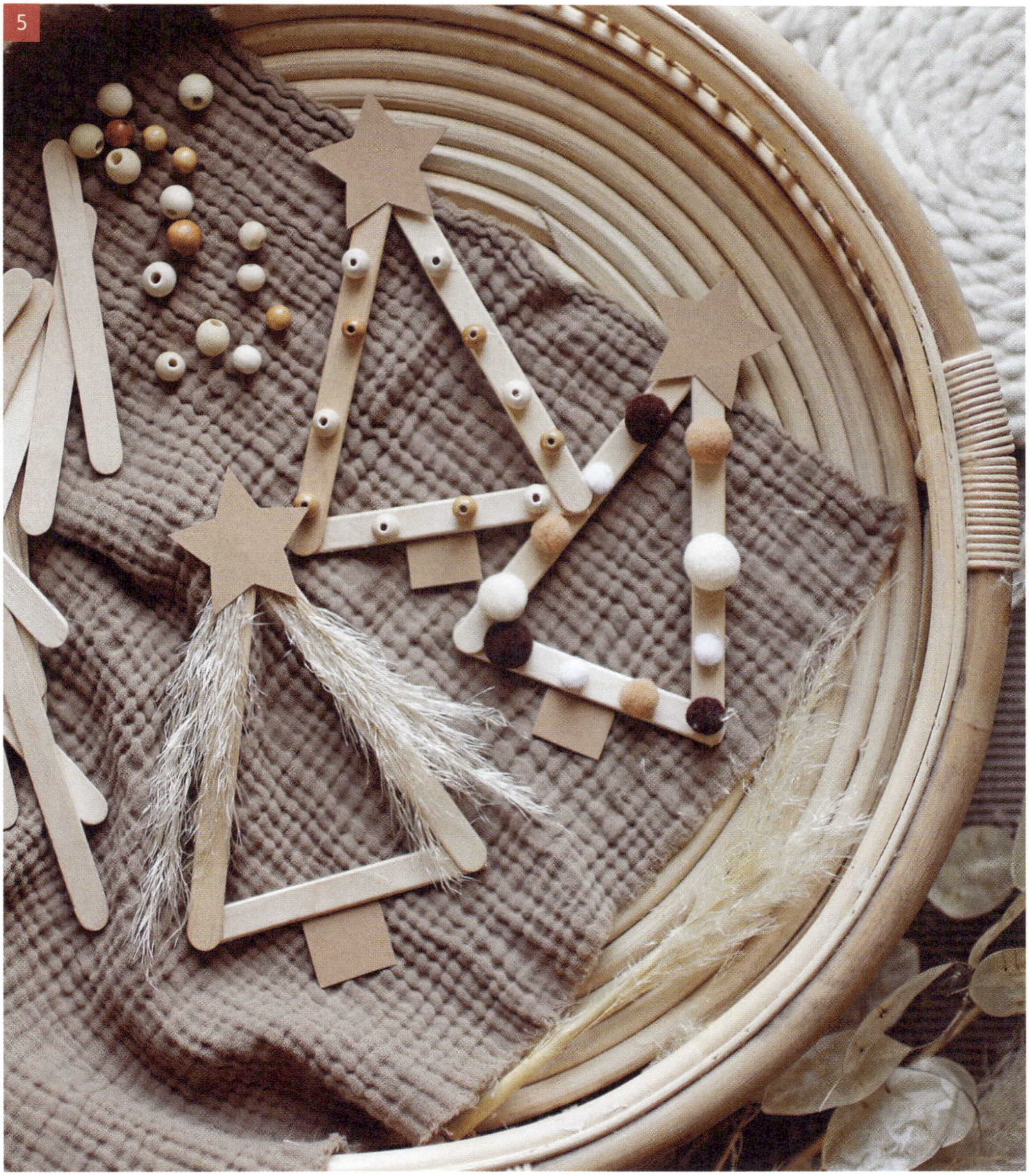

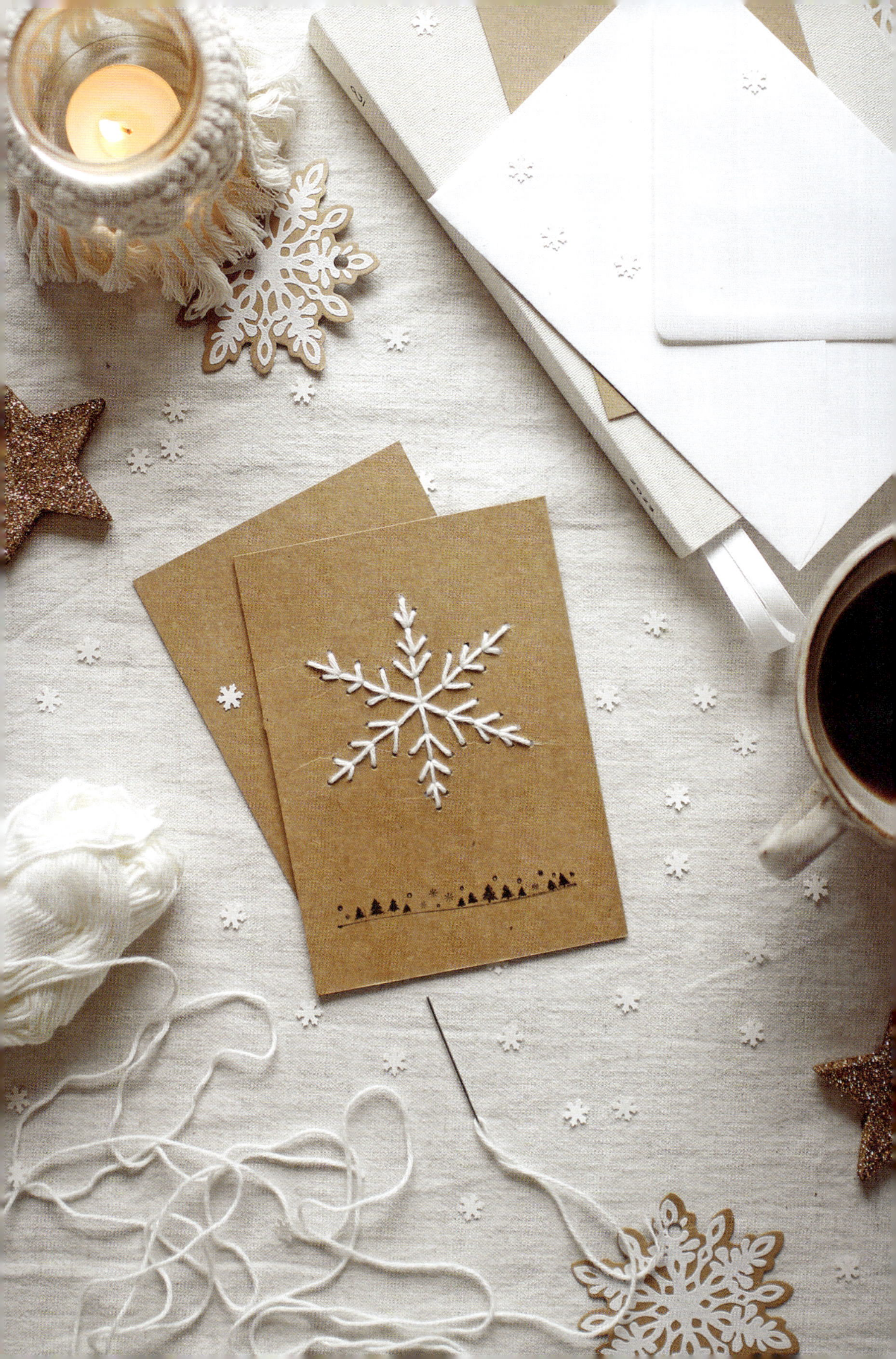

Grußkarte mit gestickter Schneeflocke

MATERIAL:

- Kraftpapier, Stärke 300 g
- Baumwollgarn in Weiß, Garnstärke DK (3,75–4,50 mm)

HILFSMITTEL:

- Schere
- Bleistift
- Schaschlikspieß
- Sticknadel
- Klebestift
- Stempel mit weihnacht-lichem Motiv/Gruß (z. B. weihnachtliche Landschaft)
- Stempelkissen

Eine filigrane Stickerei zeugt davon, dass sehr sorgfältig und genau gearbeitet wurde, um ein komplexes Muster oder Design zu kreieren. Eine Stickerei ist für mich eine künstlerische Ausdrucksform, die eine emotionale Wirkung auf den Betrachter hat und die Schönheit und Ästhetik des Handwerks widerspiegelt. So wie jede Schneeflocke ein Unikat ist, steht sie auch hier für die Einzigartigkeit und Individualität jedes Menschen. Jeder von uns ist etwas ganz Besonderes und ein Wunder für sich. Somit kannst du mit dieser Grußkarte ein Stückchen von dir selbst an einen geliebten Menschen verschenken, der dieses Kunstwerk garantiert in Ehren halten wird.

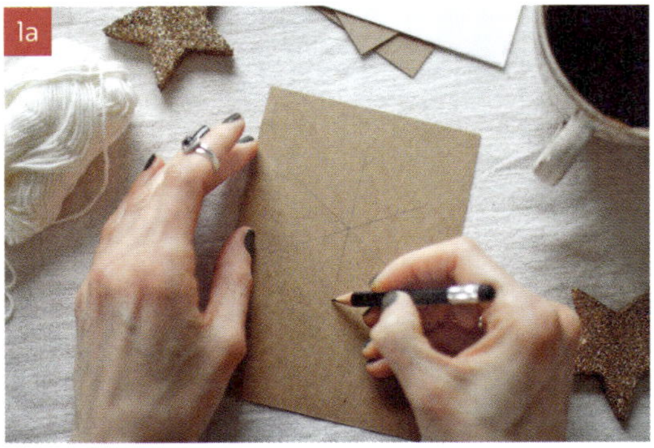

1a

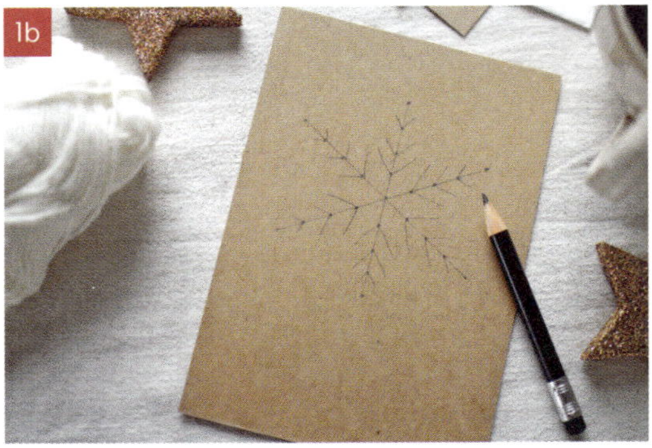

1b

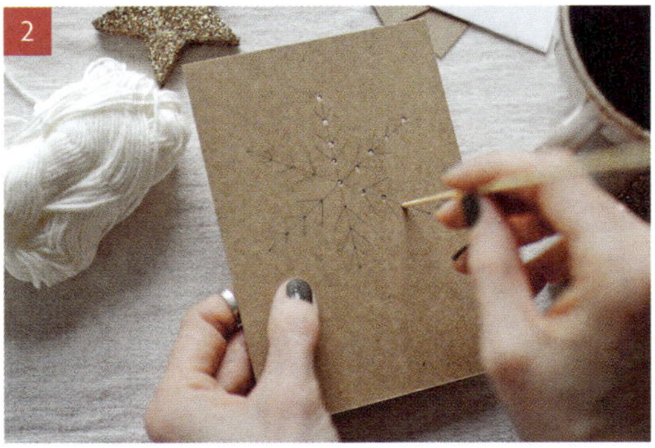

2

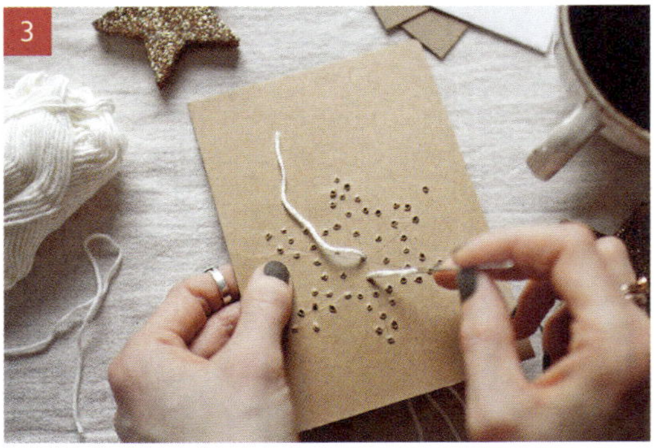

3

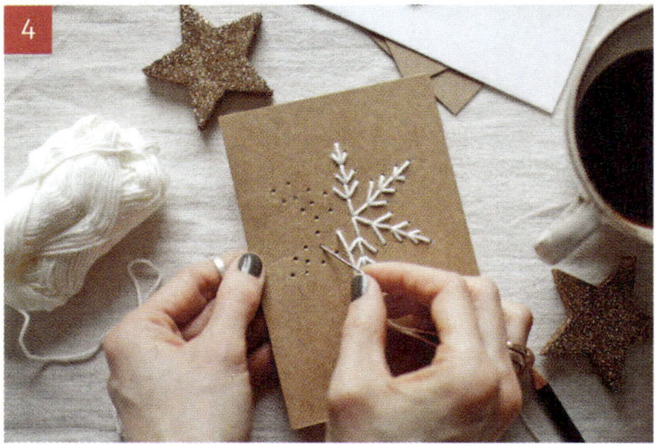

4

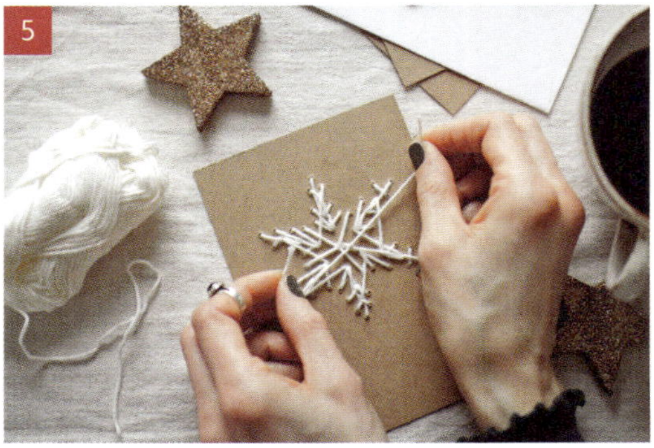

5

1) Aus dem Kraftpapier zwei gleich große Karten ausschneiden. Auf einer Karte mit einem Bleistift eine Schneeflocke vorzeichnen.

2) Die Punkte für die Stickerei wie auf dem Bild mit einem Schaschlikspieß vorstechen.

3) Das Garn in die Sticknadel einfädeln und auf der Rückseite mit der Stickerei beginnen, dabei ca. 8 cm Garn vor dem ersten Loch übrig lassen/zugeben, damit die Enden nach Fertigstellung der Stickerei verknotet werden können.

4) Mit dem Sticken fortfahren, Punkt für Punkt, bis die gesamte Flocke vollständig gestickt ist.

6a

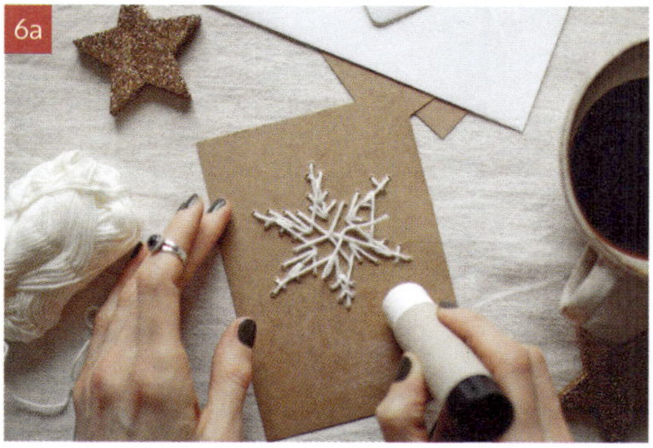

6b

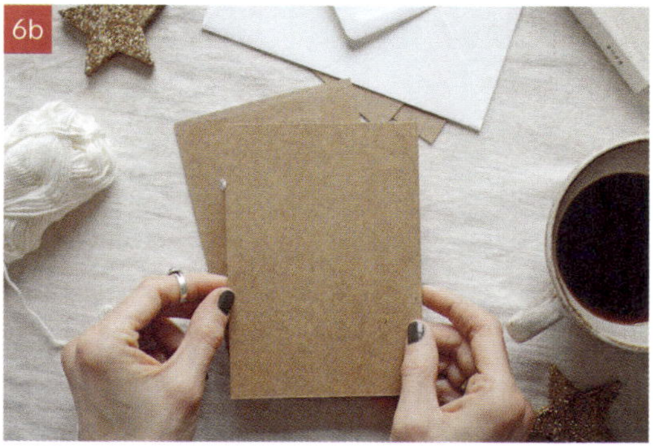

7

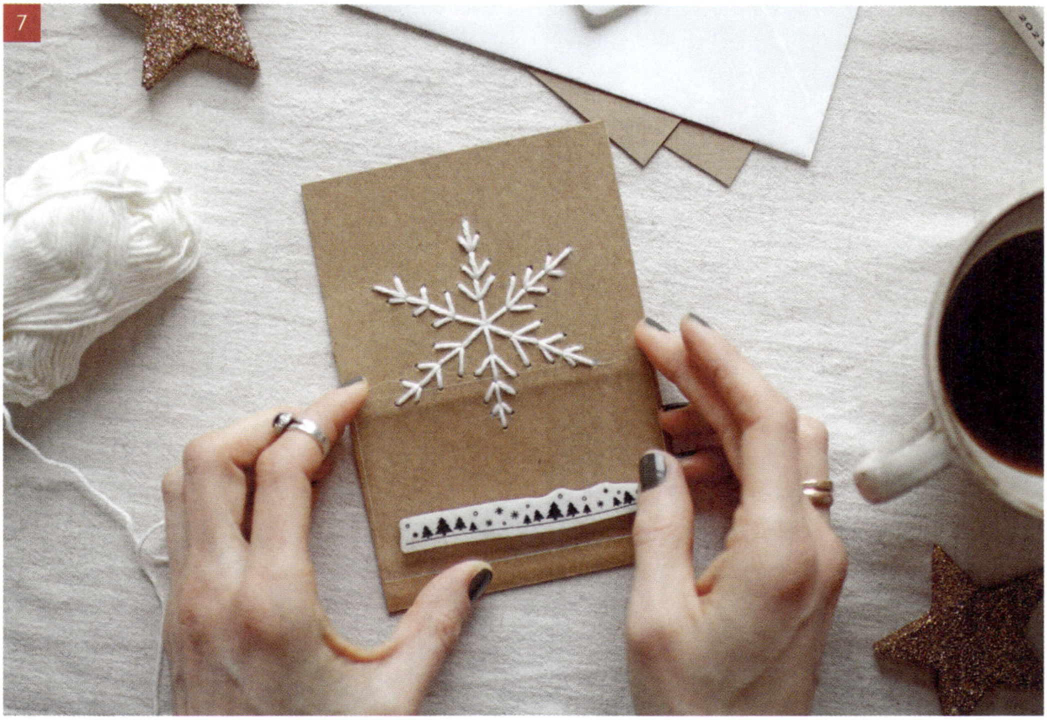

5) Zuletzt die beiden Garnenden auf der Rückseite verknoten.

6) Danach Kleber auf die Kartenrückseite auftragen und die zweite Karte daraufkleben, damit die Rückseite der Stickerei versteckt wird.

7) Auf die Vorderseite unterhalb der Schneeflocke einen passenden Motiv- oder Grußaufdruck stempeln.

Vorlagen

für das Geschenkpapier
aus Stoff, Seite 106

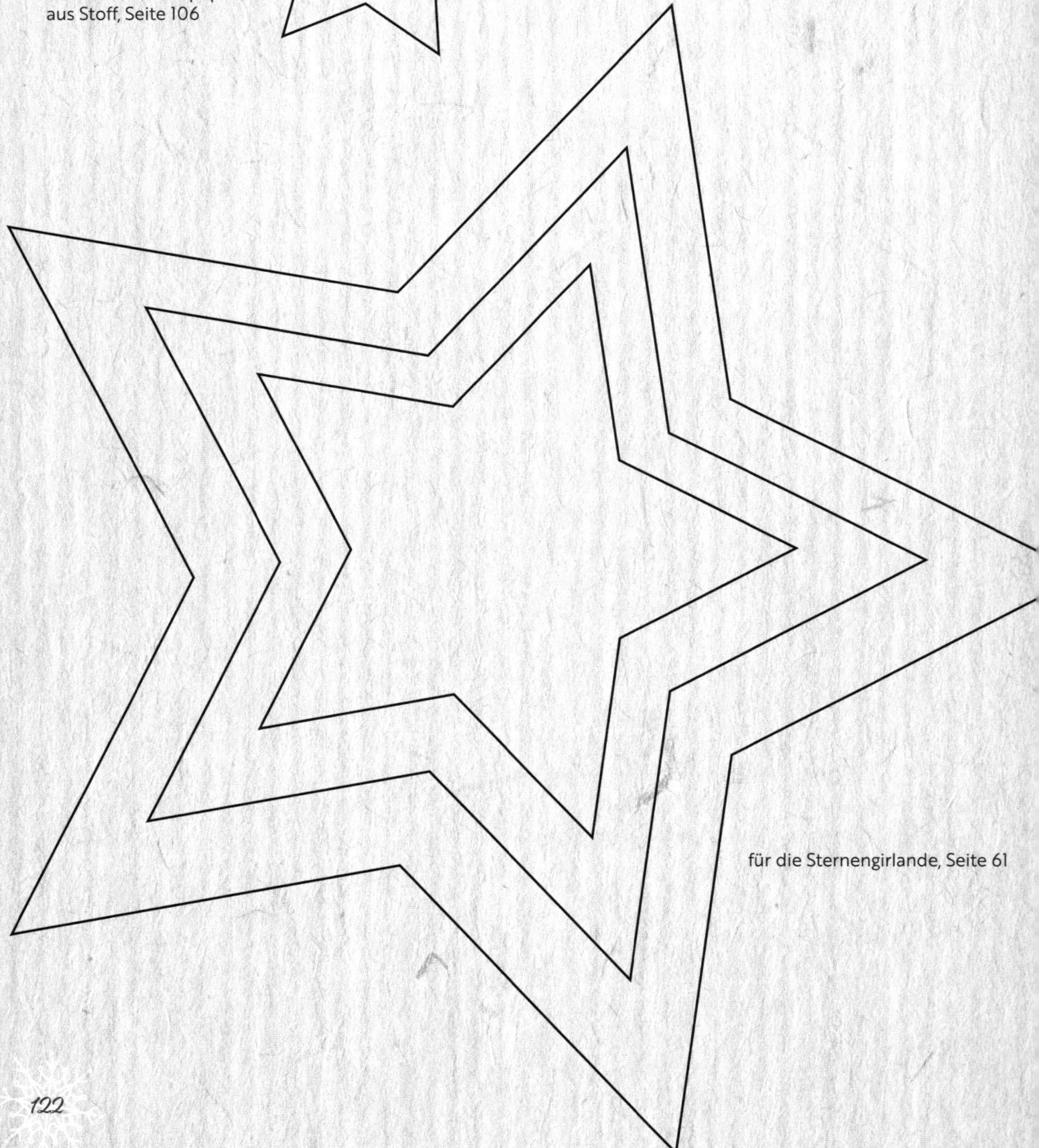

für die Sternengirlande, Seite 61

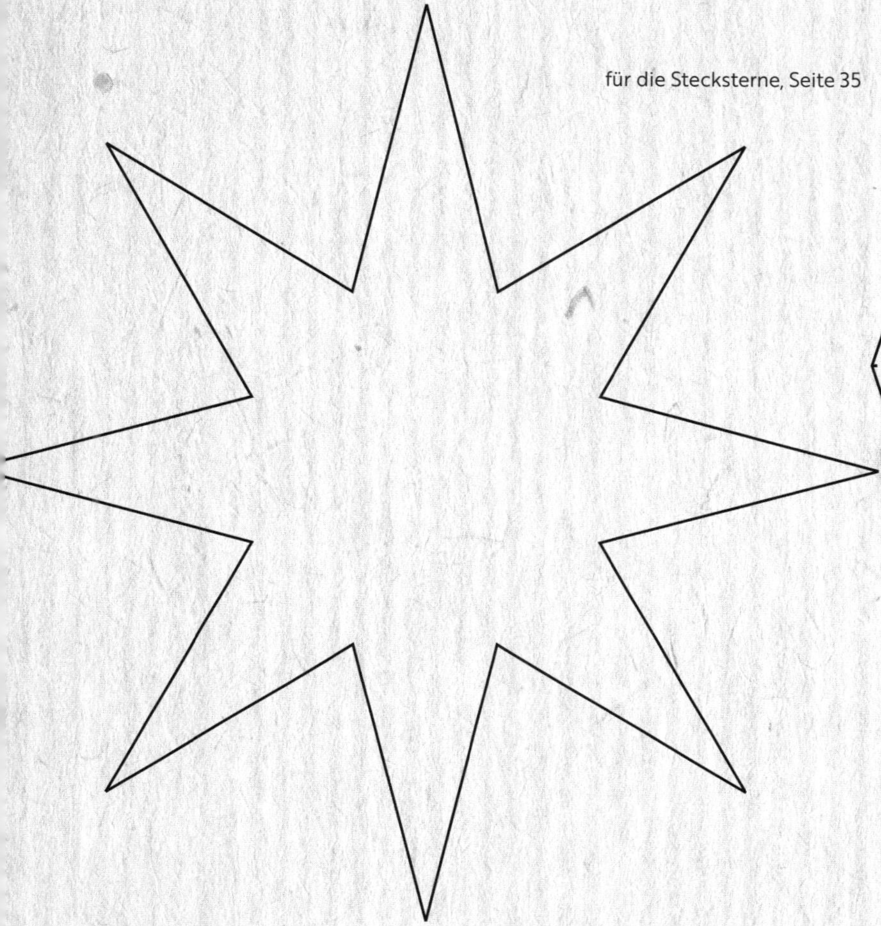

für die Stecksterne, Seite 35

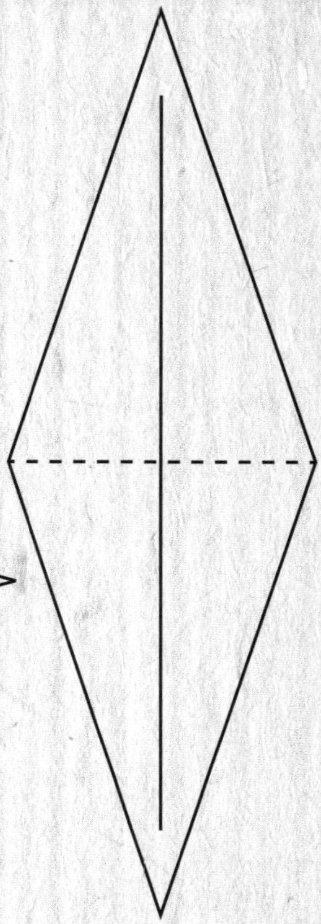

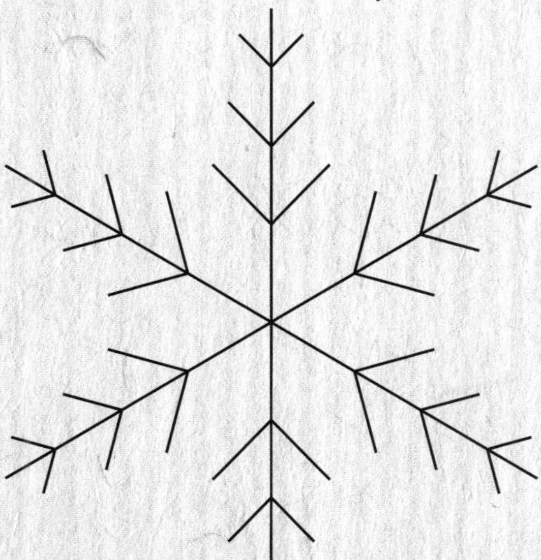

für die Grußkarte mit gestickter Schneeflocke, Seite 119

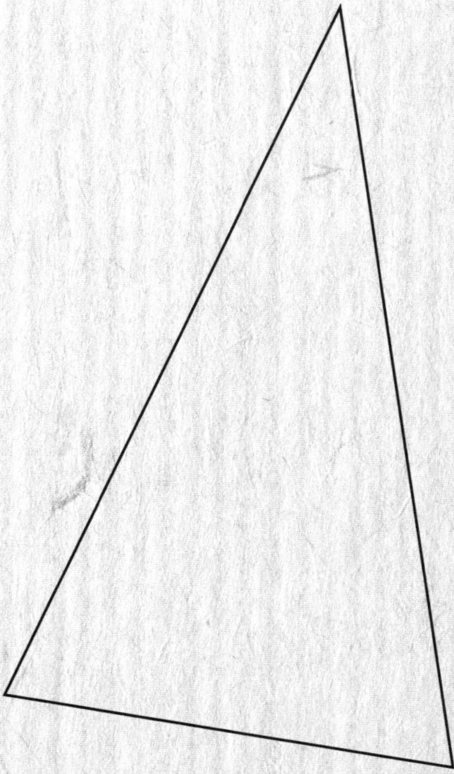

für den Geschenkanhänger Weihnachtsbaum, Seite 95

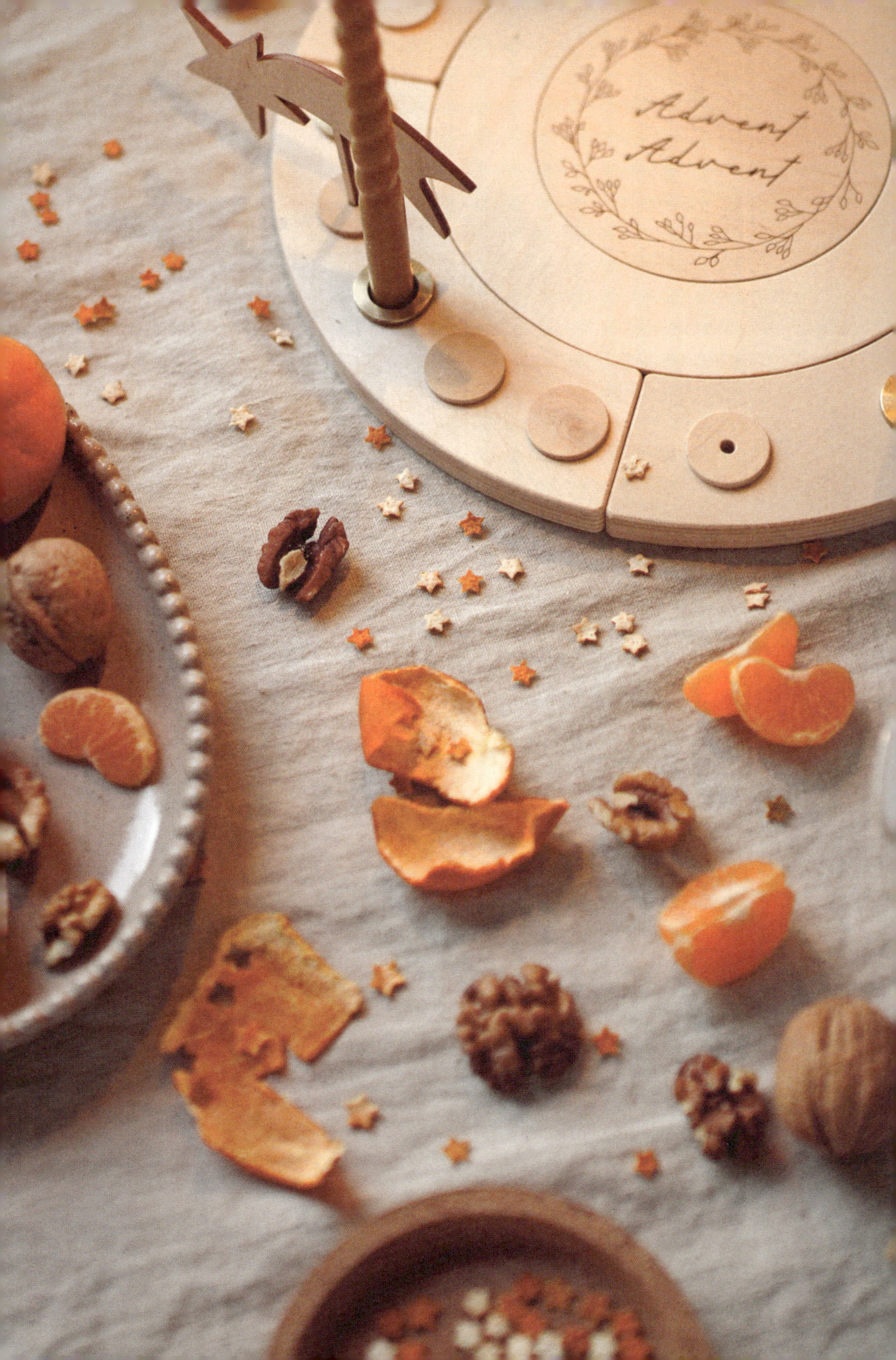
Advent
Advent

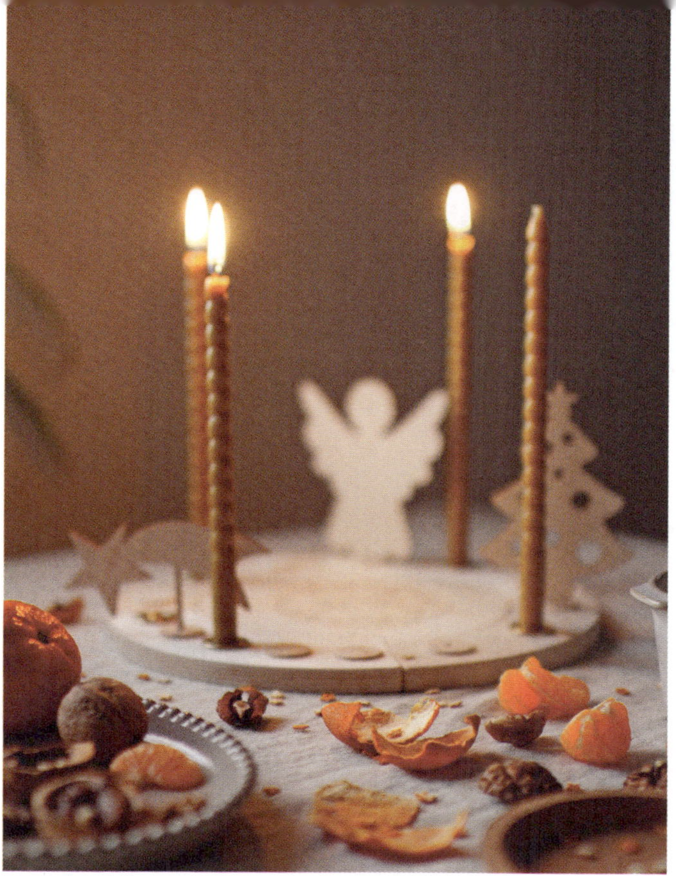

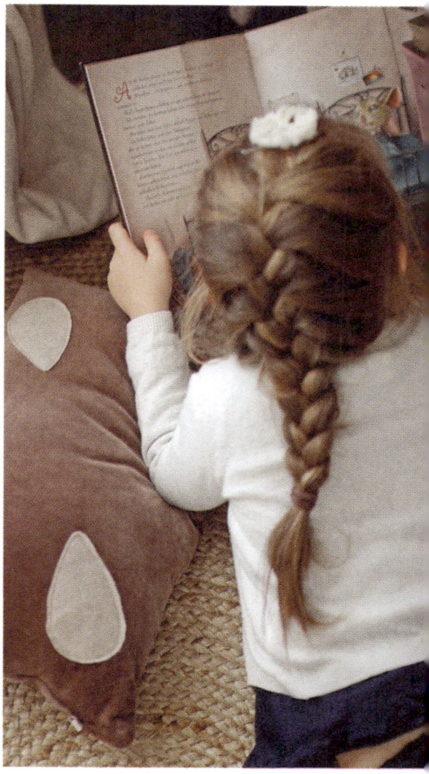

Dankeschön

Als gebührenden Abschluss möchte ich nun diese Gelegenheit nutzen, um allen zu danken, die mich bei der Entstehung dieses Buches unterstützt haben. In erster Linie geht ein riesengroßes Dankeschön an meinen wundervollen Ehemann Christoph, der mich von Beginn an in meinem Tun bestärkt und während des gesamten Prozesses ermutigt und unterstützt hat. Ohne deine Liebe, Geduld und den Glauben an mich wäre dies nicht möglich gewesen.

Ein weiteres Dankeschön geht an meine beiden zauberhaften Töchter Jolina und Janna, die mich immer wieder aufs Neue inspirieren und motivieren, das Beste aus mir herauszuholen. Ihr lasst mich mit mehr Bewusstsein durchs Leben gehen und stellt meine Welt tagtäglich auf den Kopf! Ihr seid mein größter Ansporn und ich hoffe, dass dieses Buch dazu beitragen wird, unsere gemeinsame Vorliebe für das Kreative jahrein jahraus zu teilen und zu praktizieren.

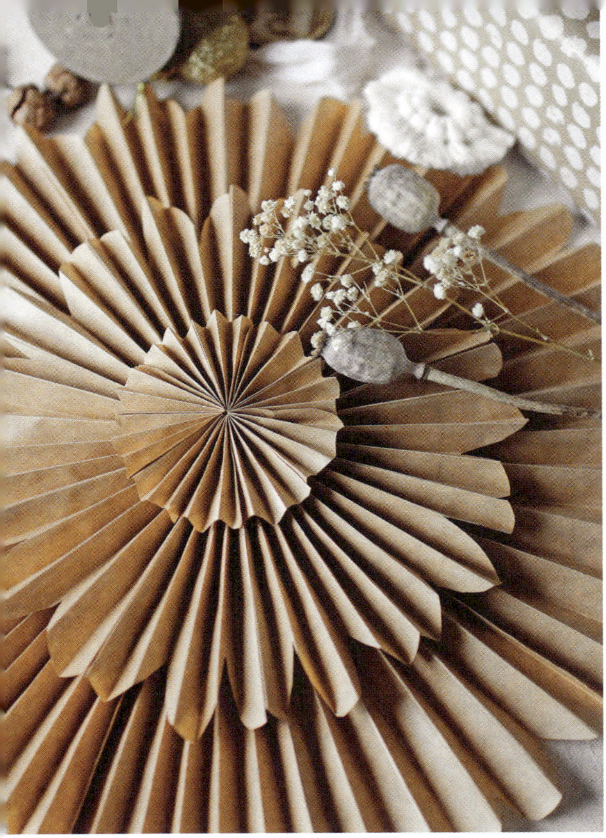

Kinder haben eine besondere Art und Weise, die Welt um sich herum wahrzunehmen. Sie betrachten die Dinge mit einer natürlichen Neugierde und einer unvoreingenommenen Sichtweise, die uns Erwachsenen oft verloren geht. Wenn wir uns erlauben, das Leben in all seinen Facetten mit Kinderaugen zu sehen, öffnen wir uns für eine Welt voller Wunder und Schönheit.

Meinen Eltern bin ich auf ewig für meine wundervolle Kindheit, das Vorleben von Traditionen, Zusammenhalt und Wertschätzung dankbar. Durch eure Vorbildwirkung bin ich zu einem umweltbewussten, achtsamen Menschen geworden, der bestrebt ist, seinen Beitrag zu leisten, um die Welt zu einem besseren Ort zu machen.

Ich möchte auch meine Dankbarkeit dafür ausdrücken, dass ihr mir immer zur Seite steht und mich ermutigt, meine Träume zu verfolgen. Ihr habt mich darin unterstützt, meine Leidenschaften zu entdecken und zu entwickeln, und habt mir gezeigt, dass ich alles erreichen kann, wenn ich an mich selbst glaube.

Des Weiteren möchte ich mich auch bei unseren Familien und Freunden für ihre Unterstützung und konstruktive Kritik bedanken – sie sind für mich von unschätzbarem Wert.

Meine aufrichtige Dankbarkeit und Wertschätzung gilt vor allem auch all den Lesern, die dieses Buch zur Hand nehmen und es als Inspiration, Mehrwert und Motivationsquelle ansehen, um nachhaltige DIY-Projekte rund um die Weihnachtszeit zu verwirklichen. Wir alle haben eine Verantwortung, unsere Umwelt zu schützen und eine nachhaltige Zukunft für jede weitere Generation zu gestalten. Durch den Austausch von Ideen und praktischen Tipps kann jeder von uns einen positiven Beitrag für unsere Erde leisten. Gemeinsam können wir den Unterschied machen. Schritt für Schritt, Tag für Tag. Let's make a change!

Zu guter Letzt ist es mir auch ein großes Anliegen, dem Christophorus Verlag zu danken, der dieses Werk möglich gemacht hat und mir die Freiheit gab, es weitestgehend nach meinen Vorstellungen zu gestalten. Merci!

IMPRESSUM

Autorin: Victoria Musil
Fotos & Styling: Victoria Musil
Produktmanagerin: Svenja Wiglinghaus
Lektorat: Constanze Lüdicke
Layout & Satz: Marcus Taeschner
Korrektorat: Susen Truffel-Reiff
Umschlaggestaltung: Andreas Kersten
Herstellung: Julia Hegele
Repro: Ludwig:media
Printed in Poland by CGS Printing

Unser komplettes Programm finden Sie unter

www.christophorus-verlag.de

★★★★★

Sind Sie mit diesem Titel zufrieden? Dann würden wir uns über Ihre Weiterempfehlung freuen. Erzählen Sie es im Freundeskreis, berichten Sie Ihrem Buchhändler oder bewerten Sie bei Onlinekauf. Und wenn Sie Kritik, Korrekturen, Aktualisierungen haben, freuen wir uns über Ihre Nachricht an:

Christophorus Verlag, Postfach 40 02 09, D-80702 München oder per E-Mail an lektorat@verlagshaus.de

In diesem Buch wird aus Gründen der besseren Lesbarkeit das generische Maskulinum verwendet. Weibliche und anderweitige Geschlechteridentitäten werden dabei ausdrücklich mitgemeint, soweit es für die Aussage erforderlich ist.

Die Deutsche Nationalbibliothek verzeichnet diese Publikation in der Deutschen Nationalbibliografie; detaillierte bibliografische Daten sind im Internet über http://dnb.d-nb.de abrufbar.

ISBN 978-3-8388-3899-1

MIX
Papier | Fördert gute Waldnutzung
FSC® C111616

Kreativ-Service

Sie haben Fragen zu unseren Büchern und Materialien? Wir beraten Sie gern rund um alle Kreativthemen. Rufen Sie uns einfach an. Wir interessieren uns auch für Ihre eigenen Ideen und Anregungen.
Sie erreichen uns per E-Mail kreativ-service@c-verlag.de oder unter der Telefonnummer 0049-89-1306 99 577.

Besuchen Sie uns im Internet: www.christophorus-verlag.de & www.selbstgemacht.de